现代高校图书馆创新
与服务研究

熊金权　著

汕頭大學出版社

图书在版编目（CIP）数据

现代高校图书馆创新与服务研究 / 熊金权著 . -- 汕
头 ：汕头大学出版社，2022.9
ISBN 978-7-5658-4818-6

Ⅰ . ①现… Ⅱ . ①熊… Ⅲ . ①院校图书馆－图书馆服
务－研究 Ⅳ . ① G258.6

中国版本图书馆 CIP 数据核字（2022）第 177007 号

现代高校图书馆创新与服务研究
XIANDAI GAOXIAO TUSHUGUAN CHUANGXIN YU FUWU YANJIU

作　　者：熊金权
责任编辑：陈　莹
责任技编：黄东生
封面设计：中图时代
出版发行：汕头大学出版社
　　　　　广东省汕头市大学路 243 号汕头大学校园内　　邮政编码：515063
电　　话：0754-82904613
印　　刷：廊坊市海涛印刷有限公司
开　　本：710mm×1000mm　1/16
印　　张：7.75
字　　数：120 千字
版　　次：2022 年 9 月第 1 版
印　　次：2023 年 3 月第 1 次印刷
定　　价：50.00 元
ISBN 978-7-5658-4818-6

图书馆是高校的文献信息中心、学习中心和信息咨询服务中心，是为教学、科研提供信息服务的学术性服务机构，是信息化和社会信息化的重要基地。高校图书馆作为高校专门的图书机构，它不但需要搜集、整理相关的图书资料，还需要有序、有效地将这些资料提供给相应的服务人群。高校图书馆的服务人群不仅包括高校的师生，还包括科研院所、企事业单位等，他们对图书馆的知识信息有着旺盛的需求，为了更好地满足这些人群的需求，就需要创新提高高校图书馆的管理和服务水平。

近年来，知识经济的崛起和科学技术及信息资源网络化的迅速发展，给我国各行各业带来了新的挑战和机遇。新的形势下，传统高校图书馆在管理和服务的某些地方与时代的发展出现了不一致的现象，不仅包括管理和服务机制上的滞后性，还有思想观念上的落后性，这都严重阻碍了现代高校图书馆的发展。而高校图书馆如何应对时代变化，更好、更快地提高自身发展能力，创新管理和服务，这都是各高校图书馆需要特别关注和研究的重大课题。

当然，近年来，高校图书馆在管理上也自觉引入了现代管理理念。新的管理理念为管理者带来了诸多新视角，对扩展图书馆管理思路、丰富图书馆管理理论、指导图书馆管理实践具有不可忽视的作用，也给高校图书馆的发展注入了新的活力。本书适当性地引用了现代管理理论的研究思维，结合我国高校图书馆目前的实际情况，对高校图书馆管理和服务理论进行了探讨，以达到多角度多方法研究这一重大课题的目的。

本书从高校图书馆的发展现状出发，分析了高校图书馆管理和服务上存在的一些问题，并运用现代管理学的理论知识对高校图书馆管理和服务的建设提出了具有创新性的观点和建议。本书围绕高校图书馆的概述、管理创新、服务创新、和阅读推广活动创新等内容进行了分门别类的研究阐述，坚持理论结合实际，以期对现代图书馆管理和服务体系的创新做深入的研究。

本书在写作过程中，参考了国内外众多专家学者的研究成果，得到了单位领导、同事和同行专家们的大力支持和帮助。在此，谨向所有给予本书关心、支持和帮助的同志们，以及参阅和引用过他们研究成果的专家学者们，一并致以衷心的感谢！

由于水平有限，书中难免有不妥乃至纰漏之处，恳请广大读者指正。

第四章　现代高校图书馆阅读推广活动创新与服务

第一章

绪　论

第一节　高校图书馆概述

一、图书馆的概述

高校图书馆作为图书馆的一个重要分化部分，在阐述高校图书馆的概念之前，我们先来了解一下什么是图书馆，以及图书馆是如何发展起来的？

（一）图书馆的概念

图书馆是指有着特定搜集、整理、收藏图书资料供人阅览、参考职能的机构。

中国著名图书馆学家吴慰慈教授也在《图书馆学概论》中提到："图书馆是搜集、整理、保管和利用书刊资料，为一定社会的政治、经济服务的文化教育机构。"由此也不难看出，图书馆的职能主要有以下两方面：

一方面它有着保存人类文化遗产、开发信息资源、参与社会教育的职能。

另一方面它有着收藏资源的职能，收集人们不愿意购买或者无力购买的资源，并把这些资源作为馆藏实现为大众提供使用和查阅的作用。

图书馆的创办形式很灵活，可以以公共团体、政府机构或者私人组织形式开办。它不仅保留着人类历史延绵千年的智慧思想，也承担着人类精神文明延续发展的重任。

（二）中外图书馆的起源和发展

1.国外图书馆的产生与发展

文字的产生和文献的出现，是人类社会进入文明阶段的重要标志。当人类意识到需要将经验和知识用文字记录下来以供利用时，最古老的文献便产生了。当人们认识到需要对已产生的文献进行连续不断地收集，并将收集到的有一定数量的文献有序地存放在一起以便长久保存和利用时，最早的图书馆便诞生了。

考古发现，约公元前 3000 年在两河流域的古巴比伦王朝的一座废墟寺庙附近，就有大批泥板文献被集中在一起，成为已知最早的图书馆。公元前 7 世纪亚述巴尼拔国王在尼尼微建立了藏有大约 2.5 万块泥板文献的皇宫图书馆。古埃及最迟在古王国时期（约公元前 28—公元前 23 世纪）就有了王室图书馆和寺院图书馆。古代希腊、罗马时期也都有为奴隶主阶级及其贵族知识分子保存资料的图书馆。特别值得一提的是在希腊化时代（公元前 4 世纪—公元前 1 世纪）托勒密王朝曾建立了规模宏大的亚历山大图书馆。世界进入中世纪以后，拜占庭帝国皇家图书馆曾一度繁荣。到了公元 8 世纪，随着中国造纸术的传入，阿拉伯文化进入繁荣昌盛时期，那里的图书馆分布广泛，仅巴格达城就有 30 多所。而在欧洲，公元 476 年罗马帝国灭亡之后，教会的神权统治和严酷的封建等级制度，使学术思想窒息、文化萎缩，其后近千年间图书馆处于衰落状态。

西方近代图书馆起源于文艺复兴和宗教改革运动时期。欧洲进入资本主义社会后，大机器生产需要有文化的工人，教育开始普及到平民，文献生产能力大大提高，从而促使一些全国性的图书馆开始向社会开放。19 世纪初，在资本主义社会兴起的公共图书馆得到了确立和发展。它具有向所有居民免费开放、经费来源于各级行政机构的税收、设立和管理具有法律保证等特征。公共图书馆的普及，是近代图书馆事业的突出成就。与此同时，近代大学图书馆、专业图书馆等也有了长足的发展。

19 世纪 70 年代以后，美国图书馆事业开始进入世界先进的行列。欧洲，特别是英国、法国、瑞士、德国和俄国等国的图书馆事业也取得了显著的进步。图书馆界在国际上的活动越来越活跃，国际文献联合会、国际图书馆协会和机构联合会都相继成立。第二次世界大战后，在世界政治、经济和技术力量的推动下，出版物数量激增，促使图书馆之间加强采购工作的分工协作和实行图书馆的图书贮存制度；日益增长的读者需求，使图书馆推广了馆际互借、参考咨询工作和开架制度；缩微复制技术、复印技术、声像技术以及计算机技术等在工作中的应用与普及，促使图书馆事业发生巨大变化。各国政府为了有效地推动图书馆事业的建设，充分发挥图书馆的社会功能纷纷采取措施，修订图书馆法，推行文献工作标准化，加强图书馆员的培训和教育，扩大图书馆资源共享的范围。

现代图书馆是信息时代的产物，它已由单纯的收集整理文献和利用文献的相对比较封闭的系统，发展到以传递文献信息为主的、全面开放的信息系统。计算机技术、高密度存储技术和数据通讯技术在图书馆工作中的广泛应用，以及这三者的相互结合，正有力地改变着图书馆工作的面貌，甚至在影响着它的历史进程。

2. 中国图书馆的产生与发展

中国最早的文献形态，是公元前 14 到公元前 11 世纪商代后期的甲骨文献和金文文献。商代设有史官，掌管记录统治者的言行及重大事件的图书档案。周代除王室有收藏文献的库室外，各诸侯国也有本国的文献库室。秦汉以后，图书馆工作逐渐与档案管理和史官职责相分离，开始走上独立发展的道路。汉代造纸术的发明与改进，为纸质文献的产生提供了条件。三国魏晋南北朝时期由于战争频发，无论是各国的官府藏书，还是私人藏书，都历经几度积累、破坏和恢复，但图书馆总的说来仍呈现曲折上升的趋势。隋唐写本书盛行，推动了图书馆事业的发展。唐代发明的雕版印刷术，至宋代得到普遍推广，文献的生产更加方便，五代十国曾一度凋敝的图书馆事业又迅速复兴起来，并且出现了新的图书馆类型——书院藏书。金、元两代图书馆没有重大发展。明代又掀起高潮，以私人藏书成绩最为可观，成了图书馆事业的主流。清代无论是官府藏书还是私家藏书在数量和规模上都大大超越了前代。鸦片战争以后，封建时代的图书馆事业逐渐向近代公共图书馆事业过渡。19 世纪末叶，在戊戌变法运动的影响下，一些较开明的维新派人士请求开设公共性的藏书楼。初期的公共图书馆，多由藏书楼演变而来。1902 年，浙江绍兴的徐树兰以一己之力筹建古越藏书楼，于 1904 年正式开放。湖南图书馆和湖北图书馆也先后成立。京师图书馆（北京图书馆的前身）于 1910 年开始筹建，1912 年正式开放。

近代大学图书馆的产生，在时间上要早于近代公共图书馆。1902 年由中国人自己创办的京师大学堂图书馆为最早；由外国人在中国创办的教会大学图书馆，以 1894 年成立的上海圣约翰大学图书馆为最早。

辛亥革命和"五四"运动都给近代中国图书馆事业的建设注入了新的活力。20 世纪二三十年代，图书馆事业发展较快。据统计，1930 年全国有各类型图书馆 2935 所，到 1936 年达 5196 所。前身为京师图书馆的国立北平图书馆 1929 年与北海图书馆合并，藏书 50 余万册。这一时期的通俗图书馆改为民众教育馆，据 1935 年统计，多达 1225 所。1937 年日本开始大规模侵略中国，在战火中有无数座图书馆遭到破坏，图书馆事业的发展受到了严重的挫折。"五四"运动之后，中国出现了一些具有进步倾向的图书馆。收藏有许多马克思主义书籍。工人图书馆、工人阅报室也在各地相继成立。在以后的苏区和解放区，革命政府建立了中山图书馆、鲁迅图书馆、中共中央图书馆以及其他各类型专业图书馆。而时至今日，中国图书馆仍在不断革新变化着，以期为人们提供更好的精神服务。

二、高校图书馆的概述

（一）高校图书馆的概念

高等学校教学和科学研究服务的图书馆称为高校图书馆，图书馆是高校非常重要的建筑之一。高校图书馆可以称之为教学和科学研究服务的学术性机构，为教学和科研服务，是高校图书馆的基本特征，也是高校图书馆全部工作的出发点和归宿，并贯穿于它的全部工作的各环节之中。

高校图书馆的职能主要有两个方面：

1. 教育职能

图书馆是荟萃人类文化遗产的知识宝库，蕴藏着许多取之不尽、用之不竭的精神财富，这是图书馆对读者进行教育的得天独厚的条件。教育职能是高校图书馆的重要职能，它包括对学生进行思想政治教育、专业教育、综合教育、文献检索和利用教育四个方面。

2. 情报职能

在大学中，学术研究已经成为重要活动，作为学校文献情报中心的图书馆，为满足读者的要求，充分开发与利用图书馆的文献资源，为教学和科研提供高层次的情报信息，充分发挥情报职能的作用，是责无旁贷的。

当今，高校图书馆与师资、实验设备成为并驾齐驱的三大支柱。而且图书馆文献量的多寡，服务水平的高低，技术设备的好坏也已成为衡量一所大学教学、科研水平的重要标志。而高校图书馆在今日教育领域中的作用都是无与伦比的，并且与时俱进持续发挥着它的影响力。

（二）我国的高校图书馆的起源与发展

我国的高校图书馆起源于古代的书院图书馆，是为宫廷提供藏书、修书的地方。宋元时期建立的书院图书馆主要为书院的教学研究服务。最早使用图书馆这一名称的是北京通艺学堂，它于 1897 年初设立图书馆并制定了章程，1902 年建立了京师大学堂藏书楼（北京大学图书馆的前身），后北方交通大学图书馆、清华学堂图书馆和南京金陵大学图书馆等多所大学图书馆相继建立。

高校图书馆在大学图书馆的管理中，始终贯穿着大学图书馆的目的是为大学的教学和研究服务的思想。因此高校图书馆的管理与高校本身的发展密切相关。中国共产党的创始人之一李大钊曾任北京大学图书馆主任，早在 1919 年他就提出"图书馆和教育有密切的联系……想达到这种完美教育的方针，非依赖图书馆不可"，李大钊认为学校图书馆与教学法有密切联系，随着教学法的改变，图书馆的工作相应发生变化，要收藏许多参考书，增加复本，鼓励学生的研究兴趣，应开架借阅，并以分类目录作为开架目录。他重视干部的培养，呼吁设立图书馆学专修科，使管理图书的人都有图书馆学专业知识。1917—1927 年的新图书馆运动，对于近代高校图书馆的发展起到重要的促进作用，高校图书馆的管理思想逐步从封闭走向开放。

新中国成立后，我国的高校图书馆大体经历了两个时期。

第一时期（1950—1979 年），主要是学习苏联的管理模式，为高度集中的管理体制。尽管政府对整个图书馆事业做出了一定的规划，并制定了一系列相关的政策，但图书馆管理缺乏科学管理理论和方法指导，以经验管理代替科学管理，高校图书馆的管理主要是建立在人治的基础上，服从命令听指挥是对馆员的基本要求。

第二时期（1979 年至今），"文化大革命"结束后，随着各项工作步入正轨，图书馆的价值、地位、作用得以重新认识，政府开始重视图书馆事业。1987 年《普通高校图书馆规程》颁布，过去分散、各自为政的图书馆开始有了合作。各高校图书馆进行了广泛的制度建设，并在定量管理、目标管理等方面进行了卓有成效的探索，出现了"目标论""计划论""人员论""激励论""系统论""改革论"等多种理论观点。进入 20 世纪 90 年代以来，随着科学技术的发展，以电子计算机等技术为核心的包括缩微、声像、信息、数字、网络、光盘、多媒体等技术在内的用以搜集、加工、存储和传递知识信息的先进技术手段在高校图书馆得到广泛应用，高校图书馆的管理已经走上科学管理的轨道，从管理的机制、制度到组织机构、人员管理、信息资源管理等诸多方面都进行了不断地创新。走内涵发展的道路，积极应对知识经济、网络化社会的挑战，使高校图书馆在现有基础上做出更大的贡献，成了 20 世纪 90 年代以来高校图书馆追求的重要目标。

2015 年，新修订的《普通高校图书馆规程》（以下简称"新《规程》"）在高校图书馆的定位、职能上有了改变。新《规程》中规定"高等学校图书馆是学校的文献信息中心，是为教学和科学研究服务的学术性机构，是学校信息化和社会信息化的重要基地"，"高等学校图书馆必须贯彻国家的教育方针，履行教育职能和信息服务职能，为培养德、智、体、美等方面全面发展的人才，发展教育科学文化事业，建设社会主义物质文明和精神文明服务"。新《规程》首次增加了有关图书馆网络资源建设的内容，第一次把"网络虚拟资源"建设在规程中加以明确，并作为高校图书馆的主要任务之一，对图书馆网络资源建设和网络信息服务等问题提出了许多新要求。新《规程》提出，今后各图书馆"应根据学校的网络条件，积极开展网上预约、催还和续借服务，网上馆际互借和文献传递服务，最新信息定期通告服务，网上协同信息咨询等网络服务"，这将有利于推动高校图书馆的数字化建设步伐。新《规程》的另一个重要方面是在读者服务方面对图书馆提出了更高的要求，体现了以人为本的原则。高校图书馆应以读者第一、服务育人为宗旨，健全服务体系，做好服务工作，做好流通阅览、资源传送和参考咨询工作，积极开发文献信息、资源，开展文献信息服务。高校图书馆应尽可能延长服务时间，其中书刊阅览服务时间每周应达到 70 小时以上；假期应保证一定的开放时间；网上资源的服务应做到每天 24 小时开放。新《规程》在人员的要求上很具体，"高等学校应加强图书馆的专业队伍建设，按照合理的结构比例，有计划地聘任多种学科的专业人员。高等学校图书馆的专业人员应具有大专以上学历，其中本科以上学历者应逐步达到 60% 以上。"新《规程》对于新时期高校图书馆的工作起到了一定的规范作用。当然，新《规程》也不是尽善尽美，还存在许多问题，需要不断加以完善，图书馆的管理思想也需要在实践中不断丰富和发展。

近几年的研究表明，高校图书馆的改革开放已成为主流思想。高校图书馆的改革研究主要包括运作理念的变革、内外部机制重组、制度创新、组织与管理方式的调整、人事管理制度的变革、馆员角色和工作方式的转变、馆员继续教育途径的拓宽、馆际合作等。近来，高校图书馆创新问题成为研究亟待解决的热点问题。

第二节　现代高校图书馆现状及存在问题

一、现代高校图书馆现状

高校的图书馆、资料室一直是高校师生获得文献信息的基本来源。高校图书馆无论是从文献拥有量、收藏质量还是从文献载体类型的多样性等方面来看，在国内的图书馆中都堪称一流，它也是国家信息资源的主要组成部分。随着信息化步伐的加快，高校图书馆的工作理念与工作方式也逐步转变。

（一）高校图书馆工作思想正在发生转换

一方面从"重藏轻用"逐步转向"藏用并举"。

一些学校平时并不重视图书馆建设，只有在教育部教学评估时才一次性购置大量图书，填充数量。到如今开始将聚焦点从"藏书多少"到"用书多少"方面转变。开始在思想上发生转变，采取一系列措施加以完善高校图书馆的建设和使用。

另一方面从"小而全""大而全"的封闭性管理逐步转向信息化、网络化的开放式管理。

"小而全""大而全"的封闭性管理说的是过去那种只能不断收集纸质版书籍以此来填充图书馆的藏书量，在图书更迭效率上并不高，有一定的时间滞后性。管理上是由图书馆固定负责人员在固定图书馆空间进行单一模式管理。不难发现，这种图书馆思想指导有着时间和空间双重层面上的局限性。

信息化、网络化的开放式的管理主要由21世纪科学与技术的飞速发展决定的，互联网络和信息技术的发展，让更多的知识资源的使用和管理发生更为便捷的变化。互联网络的发展让资源共享成为现实，知识资源的种类变多了，知识的交流和知识更迭也更有效。信息技术的发展在高校图书馆的应用上也是卓有成效的，实现了在图书信息上的强大管理功能，也促进了图书馆在空间上更为开放的运用。

（二）图书馆馆藏资源正在发生转移

图书馆馆藏资源正在由现实馆藏向现实馆藏与虚拟馆藏并存转移。

现实馆藏是本馆馆藏，包括本馆馆藏中未被数字化的以纸为媒介的文献信息以及馆藏中的已数字化的文献信息等。虚拟馆藏则是本馆以外的馆藏，由于虚拟馆藏的巨大信息量，绝大多数高校图书馆已运用。

这一思想现状的发生，主要由现代人们的工作和阅读方式的变化决定的，究其根源是因为 21 世纪科学与技术的飞速发展，互联网以及移动通讯设备的使用，人们获取知识的方式由纸质版资料扩大为电子版资料，获取知识的视角也从封闭式环境扩大为开放式的环境中。在这一时代现象的影响下，高校图书馆的发展也必然从封闭性化走向开放化。

（三）图书馆的工作对象正在发生转变

图书馆的工作对象从单一媒体转变为多种媒体、传统的以纸质为媒体的图书馆工作也逐步转换为多媒体、超媒体工作。从磁盘、光盘到互联网络，从只读、可写到交互多媒体，集存储丰富、系统、查验便捷且准确于一身的电子文献被图书馆普遍采用。

（四）图书馆信息服务的深度正在发生变化

传统高校图书馆的一个重要职能就是对文献进行整理，提供有序化信息服务。网络环境下，人们生活进一步个性化、多样化，更具专业性和创造性，人们不再满足于传统的初级信息的提供方式，需要更深层次的信息服务。这种服务是根据用户的问题和问题环境确定用户需求，通过信息分析和重组形成符合用户需求的知识，或者帮助用户找到解决的方案。"以用户为中心"的思想已经得到大多数图书馆的认同。

二、现代高校图书馆存在的问题

高校图书馆的现状不同程度反映出了高校图书馆中存在的问题，这些问题反映出高校图书馆在不同时代环境下的发展诉求，也反映了当代高校生与过去高校生在成长环境的差异下所导致的学习方式的不同。纵观中外、古今图书馆和高校图书馆的发展轨迹，我们不难发现，现代高校图书馆中所存在的问题，总的来说，主要有以下四个方面。

（一）现代高校图书馆管理上的低效率

从文献信息资源管理的方面来看，现代高校图书馆管理存在诸多问题。

1. 文献信息资源入库管理不方便

随着现代技术的发展，文献信息的载体呈现多样性，在给人们带来便利的同时，各种光、电、磁等介质的文献信息媒体也给馆员带来了选择、标引上的困难，影响了读者对文献的充分利用。

2. 购书经费供给不及时

购书经费投入不足，新书补充缓慢，许多高校扩招后没有按比例呈指数地增加图书经费，生均图书占有率下降。同时，我国加入世界贸易组织后，由于严格执行知识产权的保护法规，订购外刊资料的成本大大增加，加剧了图书馆文献经费的紧张态势。

3. 图书资料陈旧过时

许多高校图书馆收藏有大量过时、陈旧的或复本极大的图书资料。另外，由于一些新兴学科、技术学科（如计算机学科）的发展日新月异，知识衰老周期大大缩短，相应的图书资料很快失去参考价值。

4. 高校之间部分图书资源短缺和碎片化

高校在合校、扩大招生后，高校的学科门类迅速增加，原来薄弱院校的文献资源建设很难在短期跟上。许多院校因合校形成了多校区格局，又造成了文献资源的分散，不便共用共享。

5. 高校图书馆面临网络资源瓶颈

网上有用的科技信息大多需付费使用，影响了用户利用信息的积极性。相当部分的地方与自建校，因办学条件所限，信息网络不甚畅通，不能很好地利用大量的网上资源。另外，很多院校图书馆馆藏没有形成特色，不利于优势学科专业的培育和发展。

从管理体制来看，存在着机构设置不合理，运作方式不够灵活等弊端。主要体现为高校图书馆的业务机构设置的滞后。按传统图书馆的工作性质和内容，高校图书馆的业务机构设置，一般以采访、编目、流通、阅览和咨询等工作内容而设置的；而业务机构的设置，必然规定和制约着图书馆的运作方式。现在来看，这种业务机构的设置已经不能适应网络化和数字化建设的需要。印刷性载体文献的工作流程，显然已不适用于现代数字化信息资源的处理和利用。合校后形成的多校区格局，造成了高校图书馆藏书和人员的分散化，带来了管理、服务上的不便；一些地方基层院校的图书馆还没有实行计算机集成管理，仍然沿用手工操作服务，服务水平低下。

（二）现代高校图书馆服务上的不完善

现代高校图书馆服务上的不完善主要表现在图书馆管理人员专业能力的不足。

从人员情况来看，专业队伍素质有待提高。21世纪的高校图书馆应该是馆藏多媒体化、管理手段计算机化、服务信息化和信息资源共享网络化的新型图书馆。新型图书馆的建设，要求拥有一支高素质的专业队伍。长期以来，高校图书馆馆员的知识结构较为单一，人员素质有待提高。近年来，经过努力已经有了一些改进，许多图书馆除了图书情报专业人员外，还配备了外语、计算机及其他专业学科的人员。尽管各馆馆员队伍的整体素质不断提高，但仍然未能跟上时代发展的步伐。随着社会的发展，传统的图书馆工作内容、服务方式都发生了变化，周围的社会环境也发生了很大变化，读者的需求深度不断增加，因此需要具有较强信息意识、信息技能和多学科知识的复合型知识结构人才。目前，高校图书馆较为欠缺这方面的人才。

（三）现代高校图书馆技术上缺乏创新

高校图书馆的硬件设施不够完善，高校图书馆中的自动化建设水平不高。高校图书馆要想更好地开展信息化服务，就必须具备一定的计算机软硬件系统和网络环境。但是，由于国家在投资方面存在着一些偏差，许多地方高校图书馆计算机硬件设施不够先进，自动化、网络化和数字化程度不高，对图书资源信息查询和检索造成了极大的影响。

（四）现代高校图书馆阅读推广的范围较小

从高校图书馆的服务来看，受传统的"重藏轻用"思想的影响，"一切为读者""以读者为中心"的思想还没有真正落实到行动上，坐等读者上门，被动服务的现象还屡见不鲜。没有巧妙利用互联网的契机去扩大阅读推广的范围，让高校图书馆在互联网多平台、多渠道去发挥知识普及的影响，也缺乏在高校图书馆阅读推广活动上的创新性，不能吸引大学生对高校图书馆的关注，大学生与高校图书馆的互动并不强。

第二章
现代高校图书馆管理创新

第一节　现代高校图书馆管理创新的必要性

21 世纪是知识经济的世纪，信息知识在促进经济和社会发展方面发挥着越来越重要的作用。科学技术突飞猛进，正迅速改变着这个世界。以知识和信息为基础，竞争与合作并存的全球化市场经济正在形成，人类的未来和国家的繁荣以往任何时候都更加依赖于创造和应用知识的能力和效率。而图书馆是聚集知识和信息的宝库，如何使其所容纳的各种各样的知识与信息转化为现实的生产力，是摆在图书馆面前的一个重要课题。高校图书馆作为社会信息资源的重要组成部分，要重视并解决这个问题。图书馆的发展历史表明，只有不断创新、不断变革，才能跟上社会发展的步伐，才能为社会的发展贡献力量。

一、高校发展的形势要求

20 世纪末以来，我国高等教育的发展进入了前所未有的新时期。高校在办学体制、办学规模、办学水平和办学效益上都发生了巨大而深刻的变化。从当前情况来看，一方面高等教育的改革进一步向纵深发展；另一方面高等教育的发展面临新的形势，机遇和挑战并存，风险和希望同在。

（一）高校的合并

我国在 20 世纪 50 年代和 90 年代实行了两次大规模的院校大调整。第一次是在学习苏联的高等教育模式的背景下，将为数不多的高等院校实行"裂变"，调整结果虽然在一定程度上达到了预期的目的，但实际上却形成高等教育管理体制上的"条块"分割。第二次院校调整是以"共建、合作、合并、划转、协作"为主要精神，以合并、划转为实质内容，将有关高等院校实行"聚合"。全国300多所普通高校合并调整为200多所，中央部门所属的300多所高校交由省、市地方政府管理或共建。通过调整、合并、重组的院校，在规模上得到了空前的扩大，办学资源得以优化配置，办学实力明显增强，大学的综合性特色日益显现。

（二）高校的扩招

1992年以来，我国普通高等学校发展很快，基本上与国民经济的增长速度同步，甚至在其中少数年份超过了国民经济的增长速度，达到20%以上。1999年上半年，国家做出了进一步扩大高校招生规模的决定，当年全国普通高校实际招生规模达到182万人，比原计划扩招40%；2000年招生220.6万人，比1999年扩招21.2%；2001招生250万人，比2000年扩招13.3%；2002年招生320万人，比2001年又扩招28%；至2002年，我国高等教育的毛入学率已经达到14%。

根据国家教育事业发展第十个五年计划，2005年我国高等教育在校生为1600万人左右；2010年达到2500万人左右，毛入学率达到23%左右；2020年将达到3500万人左右，毛入学率将达到32%左右。高校扩招加快了我国高等教育事业的发展，为更多的人提供了接受高等教育的机会，对于拉动经济的增长，促进社会的稳定，提高国民素质和社会文明程度都起到了十分积极的作用。但是，随着大规模的"扩招"所带来的负面影响也日渐显露出来，最大和最突出的问题就是办学条件已达到了全面饱和的地步，教学条件的改善和培养模式的改革还未能完全适应"扩招"的要求。作为高校办学重要条件之一的图书馆也出现人满为患的局面。

（三）高校的"强校"

这里的"强校"概念是把高校"做大做强"。"合校"和"扩招"的直接结果是把学校"做大"，而合校必然要求学校"做强"。1998年5月，江泽民总书记在庆祝北京大学建校100周年的讲话中明确提出，我国要有若干所具有世界先进水平的世界一流大学。创建世界一流大学成为当前我国教育界的一件大事，反映了我国经济和社会发展的客观要求。"九五"期间发起的"211"工程的目的就是要把 100 所中国大学建设成为高水平的研究机构。"十五"期间，在清华、北大建设国际一流大学，加上建设若干所国内外知名高水平大学，被简称为"985"工程。除此之外，"211"二期工程也将启动，将再支持近百所高校。这必将极大地推动 21 世纪我国高等教育的发展。

在此轰轰烈烈的"合校""扩招""强校"的形势下，为了在激烈的竞争中占有一席之地和拓宽自身的发展空间，众多的高校都把"做大做强"作为自己的目标，而在《普通高校图书馆规程》中要求，高校图书馆的工作是学校教学和科学研究工作的重要组成部分，高校图书馆的建设和发展应与学校的建设和发展相适应，其水平是学校总体水平的重要标志。在此背景下，作为高等院校办学"三大支柱"之一的图书馆则必须随之进行变革创新，以适应学校教育教学改革的要求，促进高校的发展。

二、高校图书馆自身的发展需要创新

高校图书馆是学校的文献信息中心，是为教学和科学研究服务的学术性机构，是学校信息化和社会信息化的重要基地。由于以计算机技术、通信技术和网络技术为核心的信息技术的发展，导致图书馆的形态、经营理念、工作内容、服务手段都发生了前所未有的变化。在数字化、信息化、网络化程度日益提高的今天，图书馆的要素、法则、基本矛盾、属性、社会职能等都发生了变化。在这场变革中，高校图书馆是因循守旧、等待、观望，还是不断探索创新？这个问题将决定学校图书馆的生存和发展。

长期以来，高校图书馆管理一直延续着"小而全"、分散的文献体制模式。这种体制模式在一定程度上对于高校教学、科研产业开发起到了积极作用。然而在信息网络化的浪潮下，图书馆正在走向数字化和虚拟化，高校图书馆要顺应这种潮流，积极进行变革、创新。要摒弃传统图书管理"重藏轻用"的思想，实现信息资源共建共享。提高管理人员的素质和服务水平，重视基础建设，加强信息整合，转换服务观念，改革管理体制，促进高校图书馆的队伍建设，提高馆员素质。促进高校图书馆开展社会服务，实现信息共享。

实践证明，高校图书馆只有不断创新，积极采用现代技术，实行科学管理，不断提高业务工作质量和服务水平，最大限度地满足读者的需要，为学校的教学和科研提供切实有效的文献信息保障，才能真正发挥其职能，也才有存在的价值，才能获得更大的发展。

第二节　现代高校图书馆管理创新的方向和方法

　　管理是一个动态的、不断创新的过程，只有不断地创新才能使高校图书馆适应高校的要求。20 世纪 30 年代美国的唐纳德·科尼将现代管理理论引入图书馆管理，在相当长的一段时间内，促进了图书馆的迅速发展。今天，传统的图书馆管理理论已经不能满足高校图书馆师生日益多元化的信息需求，众多高校图书馆开始尝试并实行管理创新。

　　管理创新是指管理者用新思想、新技术、新方法对企业现有资源的重新组合，以促进企业管理系统综合效益不断提高的过程。运用先进的、科学的管理方法创新高校图书馆的管理，可以更好地体现现代高校图书馆为高校科研、教学充分服务的功能。高校图书馆管理创新的方向，首先是观念的创新，创新图书馆管理战略；其次是创新管理制度，以及创新管理文化等。

一、现代高校图书馆管理理念方向的创新

（一）管理理念创新的重要性

　　管理理念的创新，是一切管理创新活动的前提。人类社会结构的变迁，无穷无尽的物质财富和精神财富的不断涌现，都应该先从人的观念、理念创新中去寻找根源，特别是管理者的创新理念更显得尤为重要。我国高校图书馆由于长时间受"藏书楼"的传统观念影响，一直以来，在管理思想上重藏轻用、重书轻人、重内轻外。这些传统的观念严重地束缚了高校图书馆的发展。思想指挥着人们的行为，图书馆要生存、要发展、要创新，就必须更新思想观念，才能适应知识创新和未来图书馆事业发展的需要。

　　图书馆管理的理念首先要改变。面对进行着结构变化和飞速发展的时代，一个优秀的图书馆管理者必须树立创新意识，不因循守旧，勇于冲破旧的传统，根

据图书馆自身发展的客观规律和知识经济时代对图书馆在高校中的需求，制定正确的发展策略和管理模式。对于不适应高校发展的管理机制，必须勇于改革，善于改革，不断学习，不断改进。在持续改革的过程中会带来真正的创新，让高校图书馆出现一个质的飞跃。

（二）管理理念创新的原则

管理理念创新就是要更新陈旧过时的管理理念，用新的管理理念替代传统管理理念。要实现管理理念的创新，需要注意以下原则：

1. 系统原则

系统原则是把整个高校图书馆的工作看成是相互关联的、相互补充的有机整体。管理实际上是一个实现目标的过程。系统原则就是要围绕这个既定目标，合理地配置高校图书馆系统的人、财、物，使高校图书馆系统健康、协调地运行，发挥其最大效能，以期达到预期目标。

2. 发展的原则

发展的原则是指管理思想应随时代的发展而发展，与时俱进地适应外部环境的要求。随着社会的进步，高校图书馆要转变传统的封闭的观念，树立在时间、空间、服务内容以及服务方式上的全方位的开放观念。传统经验管理的思想与传统管理时代相适应，并起了一定积极的作用。然而，知识经济时代靠经验管理是不能充分发挥管理的真正效用的，甚至可以说，传统的管理思想是现代图书馆发展的桎梏。因而，管理思想要随外界环境的变化而变化，要不断深入研究新形势，总结新经验，从而获得与外界环境相适应的新的管理思想。

3. 信息性原则

信息性原则指不断吸收新情况、新内容，丰富思想内涵。要重视新信息，不断掌握新信息并吸收它为己所用。要摒弃传统闭关自守的思想，积极与外界沟通，逐步将高校图书馆融入社会生活中。

4. 效益性原则

效益性原则是注重社会效益和经济效益的有机结合。在计划经济体制下，高校图书馆"等、靠、要"思想严重。而市场经济体制下，社会效益和经济效益的统一是高校图书馆急需解决的问题。管理思想创新的最终目的就是要提高管理效率，获得两个效益的统一。

5. 竞争性原则

竞争是市场经济的产物。在社会主义市场经济体制下，竞争体现在社会的方方面面，"优胜劣汰"对于高校图书馆而言同样适用。在管理中如果没有竞争意识，就难于在市场经济体制的环境下生存和发展。

（三）管理理念创新的方法

高校图书馆能否适应 21 世纪发展的需要，关键在于管理理念的创新，虽然从效率和效用两方面管理好馆藏资源是图书馆的管理目标，但由于环境的变化，实现目标的具体途径和手段将不能沿袭旧法，必须从观念到结构做出全方位的调整。资源共享、共建成为高校图书馆管理的重要理念，新的管理理念必须实现以下方面的转变。

1. 从一般化建设向特色化建设转变

网络时代的高校图书馆必须摆脱传统自给自足的小农经济思想，而要站在一个宏观角度考虑资源建设问题，把资源建设建立在合作和共建的基础之上。各个高校图书馆在整体分工的基础上，应加强自己的特色化建设。这样做，一方面可以解决经费短缺的问题，另一方面可以实现真正意义上的资源共享。

2. 从重拥有向重存取转变

拥有是存取的前提和基础，没有拥有也就无所谓存取。但在网络时代，在注重资源特色化建设的同时，更应突出高校图书馆的存取功能。因为高校图书馆事业的本质即存取，也就是说，是使信息和知识为用户所利用。21 世纪大多数图书馆资料根据需要以电子形式或印刷形式传输，高校图书馆的馆藏将由存取能力而不是拥有量来界定。

3. 在图书馆的发展途径上创新

目前，高校图书馆面临两个方面的挑战，一是网络的迅速普及和发展，已经使电子图书馆、虚拟图书馆的应运而生，并向传统图书馆提出了严峻挑战；二是在 21 世纪信息技术将以更快的速度向前发展，网络化使人们在任何一个网络节点上都能便捷地获取信息，社会信息机构大量进入信息服务领域，作为信息服务业组成部分的高校图书馆，在 21 世纪将处于充满竞争和压力的环境之中。在这种情形下，高校图书馆必须转变发展观，树立竞争与协作的思路，克服传统图书馆各自独立、各自封闭的办馆模式，把图书馆事业作为一个整体对待，实现跨地区、跨部门的协作。建立高校图书馆联盟，加强合作，走共同发展之路。

4. 在图书馆的职能与功能认识上创新

根据新修订的《普通高校图书馆规程》的要求，高校图书馆必须贯彻国家的教育方针，履行教育职能和信息服务职能，为培养德、智、体、美等方面全面发展的人才，发展教育科学文化事业，建设社会主义物质文明和精神文明服务。在内外部环境条件不断变化的形势下，要履行好这个职能，就必须建设一个能根据内外变化及时进行调整的组织，把高校图书馆全体员工的创新能力充分发挥出来，把高校图书馆办成一个学习型组织。管理者必须明确，图书馆的重要职能之一是创造条件使全体员工的创新能力发挥出来。高校图书馆管理者的主要角色不仅是一位领导者和激励者，还是参与者和创造者。他们不仅为员工创新能力的发挥创造条件，减少和消除在创新中遇到的障碍，而且自身也要追求创新。在高校图书馆管理活动中有许多新问题需要以创造性的思路来解决，管理者只有主动探求新的管理方式和方法，高校图书馆的发展才有新的活力。

二、现代高校图书馆管理组织结构方向的创新

（一）管理组织结构创新的意义

众所周知，任何组织结构都是发展的、变化的和动态的，传统管理的组织结构已不能适应发展变化着的环境，组织结构应随着现实环境的变化而做出相应调整。

20 世纪末期，由于知识经济的来临，国外自 80 年代以来，就提出了组织创新理论。如 1989 年提出的"精益生产"理论，1993 年提出的"机构重组理论"和"机构流程重组理论""学习型理论"等。它们的一个共同点是强调人的独立工作的机会和自我管理能力的发挥，强调非正式组织学习的作用，强调充分分权和授权的组织原则，强调对旧有的生产经营系统和组织管理机构更加革命性的变革。

这种组织创新理论，同样适合于高校图书馆管理。图书馆传统的组织结构是一个等级分明的金字塔的结构，这种组织是建立在以分工为基础的职能部门之上的。部门的设置沿着文献管理的主线展开，使得现行组织结构的职能系统（采访、编目、流通等横向业务工作系统）和管理系统（计划、组织、控制等纵向的管理工作程序）都是线性结构。这种结构明显的弱点就是功能割裂和封闭性。组织结

构的创新将改变这种线性结构的封闭性，使组织的运作更加灵活、开放。

（二）管理组织结构创新的方法

1. 重组内部组织结构

高校图书馆要改变传统的部门设置方式，传统按业务流程划分部门的方式，可以提高图书馆员的专业水平和工作熟练程度。但这种划分方法的弊端是采访、分编部门远离读者，无法直接了解读者的需求，从而出现服务与需求错位的现象，影响服务质量。因此，高校图书馆可以根据实际情况设立文献整理部、文献服务部、电子信息部、发展研究部及馆长办公室，即将采访、分编、典藏、加工4个部门组成文献整理部，实现书刊采编一体化。

读者服务由文献服务部和电子信息部承担，前者包括阅览、流通、参考咨询、宣传辅导、文献检索、教学等部门，提供以传统印刷型文献为主的系列服务。后者由多媒体、复制、光盘检索、网络服务、技术服务等部门组成，开展电子信息服务，负责高校图书馆计算机管理系统、光盘及网络系统和数据库的维护，承担计算机等现代化设备的购置、安装、维护和现代技术应用培训及现代化技术的开发，以及对馆藏数据库、特色数据库的开发。

发展研究部是研究文献信息事业的发展战略，高层次信息服务的开发、协调与组织特色数据库的建立，起到智囊团的作用，参与知识的创新和创造，并且具备商业服务的职能，提供知识营销。

馆长办公室的主要工作是根据馆长决策，负责管理全馆的行政事务及业务工作的组织与协调。

文献服务部和电子信息部作为全馆服务工作的直接窗口，是全馆工作的核心，文献整理部为其提供物质基础，办公室则是业务部门的后勤保障，发展研究部为资源共享、馆际合作及高校图书馆的未来发展提供保障。

"四部一室"的机构模式体现了读者第一的思想，强化了现代信息服务的功能，并有助于精简机构，减员增效。

2. 再造业务流程

在网络环境下，高校图书馆的业务内容正在发生重大的变化，原有的内容或进行调整，或逐步淘汰，或推陈出新。新的业务生长点不断出现，新的业务范围不断拓展，新的共享协作不断扩大。

就高校图书馆的采访工作而言，一方面在传统手工采访的基础上，网上采访开始出现；另一方面，高校图书馆的采访工作正面临电子出版物的挑战。1999 年 5 月，美国发布了美国电子书标准草案。美国微软副主席布莱斯预测，到 2005 年，电子书的用户将达到 25000 万人，到 2018 年，90% 的书将以电子形式出售。电子书的这种发展趋势在一些图书馆的采访工作中已初现端倪。网上采访具有采访范围、采访时空、采访效率和采访质量等方面的优势，可以极大地拓展和丰富图书采访的品种范围，消除时空障碍。采访人员可以借助网络，了解世界各国的图书出版信息。并且，可以进行网上书目数据的套录，大大减少了采访工作人员的数据录入工作量，提高了采访工作的效率。这样就使高校图书馆的采访人员可以将主要的时间和精力放了解掌握和研究出版信息资源上，更快、更多、更好地获得读者所需的文献信息资源，提高文献信息资源的建设质量，从而更好地满足读者的信息需求。

利用网络的参考咨询已经有了很大的发展，而这种发展趋势将越来越明显。高校图书馆应改变参考咨询工作集中设置的传统做法，将参考咨询工作融入到各服务环节中去。就图书馆的阅览而言，目前大多数高校图书馆都设立了"电子阅览室"或"光盘阅览室"，这是在信息技术不发达、电子出版物比例不大的条件下的产物。随着信息技术的发展和电子出版物的急剧增长，电子出版物将进入各个阅览室，这种服务内容的重建不仅顺应了信息技术的发展，而且也比较符合读者的阅读查询习惯。电子阅览室这种看似先进、实则落后的服务内容将首先在设施先进的高校图书馆中逐步淘汰。

传统的文献采访、分编、典藏、外借、阅览的管理模式将转化为藏、借、阅一体化的开放式管理。如广州中山大学珠海校区图书馆藏、借、阅一体化的开放式管理非常完善。读者进入图书馆后，可在各部门之间"自出自入"，可随心所欲地"各取所需"，可从容不迫地"自我服务"，彻底免除了读者不断示证、押证、登记的繁杂手续，大大节省了其时间和精力。

高校图书馆在网络环境下的业务重建是全方面的系统工作，主要包括远程网上全文与多媒体数据传输、网上数据套录、网上图书借阅预约、网上读者与馆员对话、国内外各图书馆之间信息资源共用、网上资源按读者需求进行组织、网络环境下的跨行业和跨国界的图书馆资源信息共建共享、图书馆各项业务统计的重新调整、网络环境下图书馆形象的重新设计，等等。可以预见，随着网络技术在高校图书馆的不断发展，高校图书馆业务内容的重建将越来越丰富。

3. 实行总分馆制

针对高校大规模合并所带来的一个学校有几所图书馆的现状，可以实行总分馆制进行管理。总分馆制是一种在西方实践得非常成功的图书馆组织形式，而现代化网络技术和通信技术也有力地支持着这种组织形式。实行总分馆制，行政与业务联系由总馆统一管理起来，总馆可以起到中枢控制、后备服务及协调平衡的作用，而分馆则提供近距离的服务。

总分馆制避免了各种重复和浪费，而且能够做到合理配置人力、物力和信息资源。作为世界上最大的研究型图书馆之一的哈佛大学图书馆，是一个拥有90所分馆的联合体，它通过哈佛图书馆联机系统将大学所有的分馆虚拟地联结起来。

高校图书馆与各院系资料室之间也可以尝试实行总分馆制。我国传统的高校图书馆与院系资料之间集中与分散的矛盾比较突出，图书馆与资料室关系松散，图书馆缺乏统一的协调能力，资料室不愿意为外院系读者服务，造成全校图书藏书量大、利用率低，目录体系混乱，给读者利用图书资料造成很大的不便。解决办法是改变目前每个院或系都设置资料室的做法，由高校图书馆根据专业设置情况和环境条件，在几个专业系或学院，统一设立一些规模适当的分馆。在分工上，总馆可以负责图书的定购、财产登记、分编及其他的加工，分馆面向全校读者，负责图书的使用，重点发挥专业馆的作用。这样可以使读者方便地、充分地利用藏书，高校图书馆也可以节省许多人力、物力与经费，用于文献信息的开发，提高服务功能。

4. 创建扁平化组织结构

组织创新是高校图书馆创新体系的重要组成部分。传统的图书馆的金字塔形层次结构是机械的、刚性的、永久性的结构，这种结构不能适应多变的技术和管理的要求，网络信息环境下的图书馆组织表现为动态的联盟。因而，图书馆组织行为能体现图书馆活力，有效地解决分权与集权的矛盾，组织结构向扁平化、虚拟化、网络化方向演变。

图书馆进行结构重组要按照一定的步骤进行。首先，需要根据现阶段高校图书馆的功能确定分工的程度；接着要重新划分部门，合并一些功能相近的、联系密切的部门，根据新增的业务再增设新的部门。其次，要解决权限关系及其授权程度；还要设计人员之间合适的沟通渠道和协商渠道。最后，根据高校图书馆信息沟通、技术特点、经营战略、管理体制、组织规模和环境变化来选择合适的组织结构。

信息技术和计算机网络发展使得知识可以在管理者及劳动者之间共享，高校组织等级结构已不再受到管理幅度的限制，纵横交错的渠道造就了一种崭新的组织结构——扁平化的组织结构，即矩阵式组织结构。高校图书馆可根据不同文献的载体的采访、编目、典藏、流通和阅览工作应由不同部门的来完成的特点，在横向上整合业务和职能部门；同时根据部门之间的合作的必要性，在纵向上根据工作任务设置不同的项目组，以项目的形式展开信息服务。这样纵横两个系列结合而成的矩阵式组织结构。纵横交错处代表具体的执行人员，他既同原来的部门保持组织或业务上的联系，又参与项目小组的工作。项目小组可根据不同文献载体的工作流程特点设立长期性项目小组，也可以根据特殊任务设立临时型项目小组。项目组组长由馆长挑选，对项目的全过程负责，所需的专业工作人员由馆长和组长从各部门抽调。

5. 实施高校图书馆组织联盟

由于经费的限制，一所高校图书馆不可能收藏所有的有形和无形文献资源。为了更好合理地使用现有资源，提倡形成高校间的组织联盟。现有很多地区的高校已经在实践当中实施，例如北京的对外经济贸易大学已和北京服装学院、北京化工大学、北京中医药大学已形成了组织联盟。四校的学生可以在 4 个学校的图书馆进行馆际互借，并共享一些学校的网络资源。但是此种组织联盟在实施过程中过于表面化，还没有真正地达到组织联盟的目的，凸现组织联盟的优势。

组织联盟的目的在于将各组织的优势综合起来，以便能及时把握时机，降低成本、减小风险，优化图书馆组织的整个价值链。从而对外部环境的变化做出敏捷的反应、果断的决策和及时的行动。例如，在采购工作中，组织联盟可以统一规划，根据各高校的学科重点，进行合理的采购的安排；对于传统型文献的购买，可以通过统一的规划，形成规模效应或者避免重复购买；而对于数字资源的采购，则可运用网络技术，形成组织联盟的局域网，从而达到数字资源、数据库资源的共享，极大地节省成本。

组织联盟在实施过程中会受到我国高校图书馆现行体制和组织结构的影响，所以要形成高效的真正意义的组织联盟，首先要对我国高校图书馆的体制和组织结构进行创新。

三、现代高校图书馆管理制度方向的创新

（一）现代高校图书馆制度创新的必要性

1. 现代化管理模式要求制度创新

管理改革的不断深化，促进了高校图书馆由传统管理模式向现代模式转变，图书馆的制度建设就必然要跟上管理改革的步伐。现代的管理模式如果仍然沿用旧的制度，就会禁锢高校图书馆事业的发展。如引进新的管理模式，实行聘任制、合同制、有偿服务制等，都需要新的制度加以规范，以保证高校图书馆的有效运转。

2. 信息技术的发展需要进行制度创新

在网络环境下，高校图书馆的信息处理和信息检索的手段发生了很大变化，大多数高校图书馆已经实现了自动化管理，并逐步在资源配置等方面拓展新的网络化服务空间。当前和今后的一段时期，高校图书馆的数字化和虚拟化将是发展方向和创新目标，在管理、服务、技术等方面面临许多问题，需要加以规范和调整，创新的工作方式和环境需要依托创新的制度。

3. 实现高校图书馆事业可持续发展依靠制度创新

高校图书馆事业可持续发展，需要文献资源、设备资源和制度资源的共同支撑。文献资源、设备资源离不开制度资源的合理安排，同时文献资源、设备资源的优化配置，更依赖于制度的优化配置。从某种意义上来看，制度资源的优化配置，在高校图书馆事业可持续发展中起着导向、制约的作用，并影响文献资源与设备资源的配置效率。所以，制度创新对于规范和调控高校图书馆的运行状态，确保高校图书馆事业的顺利发展具有重要意义。

4. 提高高校图书馆运作质量和效率的需要

我国高校图书馆的现行制度从整体上来说缺乏机动性和灵活性。一般而言，制度具有具体性、内隐性和变动性的特征，其中变动性是指它随着社会政治、经济、文化的发展而处于不断地发展创新之中。因此，应不断优化制度环境，及时调整各要素之间的矛盾性和统一性，特别是对人事制度、分配制度等应体现出灵活性、

机动性和能动性。只有营造充满活力的制度环境，才能保持高校图书馆的稳定和高效率。

（二）现代高校图书馆制度创新的方法

1. 创新制度资源

应根据制度的构建原则和运作机理创新制度资源，从管理体制、运行机制的变革创新入手，实现人事制度、财务制度、分配制度等方面的全面创新。科学制定、合理配置制度资源，宏观制度和微观制度创新并重，采用纵向继承、横向移植和综合创新的方法，建立相应的制度体系。

2. 构建创新的制度体系

构建创新的制度体系要从图书馆的实际情况出发，采取以自动化、网络化服务模式为主线，充分理解创新的业务流程。创新制度体系可以从以下方面进行：

一是综合性制度，主要包括管理机构和业务部门的设置、工作内容、职责范围的制定、管理权限及编制、管理者的职责、部门责任制和岗位职责等。

二是行政管理制度，主要包括对各类人员的要求标准及考核、晋升、奖惩的方法，还有人、财、物的管理原则等。

三是业务工作制度，指为业务部门和专业人员就具体的业务工作制定的操作规范。主要包括文献工作的采、编、藏、阅、咨询等相关制度，以及信息服务、信息技术服务等相关规则。

四是读者服务规范，主要明确读者利用高校图书馆的权利和义务，体现图书馆服务至上的原则和主客体的相互依赖关系。

3. 实现制度形式的合理配置

从宏观上来说，法律、法规、规章等不同形式的制度，对高校图书馆事业发展的促进、保障和规范的作用是不同的。对于图书馆来说，其根本的制度形式应该是法律，只有采取这种最强效力的制度形式，才能保障图书馆事业的稳定发展。图书馆事业最根本的方面是指图书馆的管理体制、职能、运行、资源配置、资金保障、队伍建设、激励机制等内容，这些内容应该由国家最高立法机关制定法律，以法律的形式来规范、保障、促进图书馆事业的发展，

如制定全国统一的《图书馆法》。在其他法律的制定过程中涉及到图书馆事业的内容，应做出明确的条文规定，考虑到不同类型的图书馆的差异性，可以在《图

书馆法》的基础上制定适用于不同类型的图书馆法规、规章，如《高校图书馆规章》等。不同的地区由于经济、文化社会发展方面有差异，地方人大可以在统一的《图书馆法》的基础上根据本地区的实际情况制定地方性法规。

4. 图书馆运营机制的制度创新

第一，要确立图书馆事业投入主体的多元化和运营机制的多元化。具体表现为：允许社会参与图书馆事业的建设；改变领导任命制，引入竞争机制，采取公开竞争上岗的竞聘方式招聘图书馆管理者；承认高层次服务的有偿性，增强图书馆的造血功能，体现知识的价值。所谓的高层次服务是指为满足读者特殊需求而为其提供的服务，如科研项目、立项报告等资料收集、订阅、加工、整理、文献复印、下载、外文资料的翻译、文献传递、为用户上门服务等等方面的内容。

5. 高校图书馆经费保障方面的制度创新

第一，以制度作保证，科学设立高校图书馆，合理进行布局，减少图书馆的重复建设和文献的重复购置。加快数字图书馆建设，减少图书馆有形图书的馆藏数量。

第二，以制度形式在院校的经费预算中明确高校图书馆的经费支出，且应确保图书馆的文献信息资源购置费随资源经费上涨而及时增加。

第三，改变单一的经费来源渠道，争取社会对高校图书馆的经费支持。

6. 高校图书馆工作者事方面的制度创新

市场经济对于干部选用机制的本质要求是对传统的计划分配和组织安排干部的根本性变革。引入竞争机制，实行定岗、定员、定额管理，推行岗位责任制度是人事制度创新的有效形式。高校图书馆要想充分发挥其社会功能和作用，提高其社会服务的有效性，就必须废除铁饭碗，实行全员聘用制，对现有人员实行公平竞争，择优上岗，让所有员工能进能出，职务能上能下，待遇能升能降，只有这样，优秀人才才能脱颖而出，才能形成充满生机与活力的用人机制。

首先，在调整机构的基础上，实行定岗、定员、定额。定岗就是按部门的功能及工作环节设立岗位；定员就是针对某个岗位按工作时间及工作量安排固定数量的人数；定额就是按高校图书馆制定的总目标，分解成各部门、各岗位的分目标，为实现分目标所需完成的岗位工作量。实行"三定"是推行岗位责任制，实现目标管理的基础。

其次，实行全员聘用制，引入竞争上岗机制，通过人事制度改革推行业务岗位双向选择。管理岗位竞争上岗，特殊人才实行特殊政策，在公开、公平、公正的前提下，打破年龄、资历、学历、职称等限制，充分调动馆内员工的积极性。建立严格的考核制度和聘后管理制度。通过激励机制，奖勤罚懒，按业绩、按劳动量、按创造性来进行合理分配，使员工在工作中真正发挥其积极性和创造性，保证事业持续发展。

四、现代高校图书馆信息资源管理方向的创新

高校图书馆资源建设的目的是为满足用户的需求和提高馆藏知识信息的利用率，要达到这一目的，必须使用户了解高校图书馆资源的基本状况，同时图书馆也必须掌握和预测用户对知识信息的需求情况。用户对知识信息的需求最终将决定图书馆的知识信息服务内容、模式与管理机制。因此，资源建设的核心必然是为满足用户的全方位需求。现代化的信息存储和传输设备为用户了解和利用图书馆提供了优越条件，也为高校图书馆的发展带来了新的机遇。高校图书馆在信息、资源管理方面应从以下几方面进行创新：

（一）建立和完善联合书目数据

在网络环境下，馆藏信息的网络化是高校图书馆馆藏信息资源建设的重要内容，也是为用户提供服务的前提。馆藏网络化信息资源建设的内容之一，就是建立比较完整的标准化书目数据库，为馆藏文献信息资源的全面上网打好基础。书目数据库是高校图书馆实现计算机化和网络化的关键，是信息资源共享的物质基础。书目数据库建设的更高层次是区域性联合书目和联机检索的广泛应用，2000 年 3 月中国高等教育文献保障体系（CALIS）联机合作项目正式启动。目前CALIS 联机合作编目中心已有成员 300 多家，并已形成了相对稳定的数据库建设队伍，成立了专门的领导小组和专家委员会，在地区或省成立了 7 个分中心，形成了较严密的组织结构，积累了丰富的书目数字资源。

（二）积极利用网上信息资源

互联网堪称世界最大的信息资源宝库，它以数以千计的数据库向用户提供科学技术、经济、贸易、管理、新闻、教育等各个方面的信息。网上信息资源有些是收费的，但有大量的信息是免费的。万维网上仅免费提供服务的化学数据库就

有 200 多个。充分利用网上免费资源，订购一些电子图书、期刊（电子书刊较印刷版书刊费用低得多），不失为节省经费的有效途径。因此，高校图书馆应组织专门力量，组建以用户需求为中心，以专题化、学科化、知识单元为基础的虚拟馆藏，积极提供增值信息服务。

虚拟馆藏是由图书馆员将网络信息资源进行有目地收集、整理、编辑，再发布到本馆图书馆网站成为本馆馆藏。它既不同于传统的以纸质为载体的文献馆藏，也不同于以磁盘、光盘为载体的信息资源。虚拟馆藏的建设在新形势下成为图书馆资源建设的一个重要问题，它是图书馆能否在网络环境下为用户提供全、新、快、准的信息服务的基础和前提，也是评价一个高校图书馆实力和特色的重要标准。

相对于传统的印刷型文献信息来说，网络信息资源的有序整理与组织具有相当大的难度。由于网络信息资源采用数据形式表达，内容广泛，分布分散，难以规范和结构化，且网络信息资源不稳定，变化更新频繁，内容特征抽取复杂，用户界面要求较高，这意味着对信息资源的组织与管理提出了更高的要求。高校图书馆必须针对不同的用户群，通过对网络信息资源的挖掘，将无序分散的信息经过重构与整序，成为符合本馆用户需求的信息数据库，方便用户使用。要加强文献信息资源数据库的标准化建设，通过计算机对馆藏文献进行管理和传输，为用户提供服务。具体来说，可以采取建设专业指引库和创建虚拟图书馆的方式来利用网络信息资源。

（三）建设专业的指引库

所谓指引库，是指所建立的数据库。从物理意义上讲，并不存储各种实际的信息资源，它存放的是有关主题的数据库或服务器的地址等信息，可指引用户到特定的地址获取所需的信息。专业指引库类似于网上的搜索引擎，它将互联网上与某一主题相关的站点进行集中，按照方便用户的原则，以用户熟悉的方法组织起来，向用户提供这些资源的分布情况，指导用户查找。它可以弥补搜索引擎的不足，从被动的使用变为主动的创造，更符合用户的需求。指引库建设中需要重点解决的技术问题是指引库的更新，由于网上站点的增加与更改时发生，如果指引库没有自动跟踪技术的支持，其价值和生命力就会逐渐消失。

（四）创建虚拟图书馆

虚拟图书馆是网络信息资源组织的有效形式，它针对某一学科或领域研究者的需要，将互联网上有关研究机构、实验室、电子书籍、学术期刊、会议论坛、专家学者等相关的网络信息资源的线索进行汇集后，以主题树或数据库的方式，结合超文本链接组织起来，提供用户浏览或检索。用户在访问某一学科的虚拟图书馆主页时，通过激活相关的网络线索即超级链接，就可以浏览到本学科大量的相关资料。虚拟图书馆是搜索引擎、专业指南系统以及指引库的进一步发展和完善。所不同的是，虚拟图书馆的信息资源要针对特定的用户，精心进行筛选、分类、标引、注解和评价，因而虚拟图书馆的用户有较明显的针对性。同时其信息查询服务，不仅仅是某个关键词或某些关键词组合的检索，从某种意义上讲，其查询结果应有一定的推荐性。因此，它对高校图书馆的要求就更高了，不仅需要自动跟踪技术来及时更新指引库，还需要编制高度自动化且又具有很高的智能分析能力的网络自动搜索软件，以代替手工搜集资料。

（四）大力建设特色馆藏数据库

高校图书馆建设特色馆藏数据库，是开发馆藏网络信息资源并有效配置的主要内容之一。发挥"特色"优势是有效利用馆藏资源和具备共享优势的条件，也是现代图书馆管理观念更新的体现。它的最终体现是图书馆提供给用户的知识信息的质量、效率、水平及其产生的社会效益和经济效益。

所谓"特色"，在今天来说，不仅仅是指单方面的收藏文献，还包括对所有资源的开发应用和深加工的能力。高校图书馆应根据本馆的实际情况，结合本校的读者需求特点，在统筹规划下，有选择地建立特色数据库。对于那些已经初步形成的馆藏特色，要继续延伸和发展，并通过补充和完善，使之形成特色产品。应该明确，"特色"的关键在于重质量、求效益。

首先，高校图书馆应加强学科特色文献的收藏，根据本校科研发展战略、本市文献整体布局状况、本馆已形成的藏书格局以及文献购置费的情况做出相应调整，使其适应本学校、本地区科学技术和经济发展的需要，适应高校扩招情况下的读者数量迅猛增加的需要。

其次，高校图书馆要在全国高校图书馆工作委员会统一的协调组织下，根据本馆的文献歌剧、经费、人力等现实条件和本学校读者的文献需求，系统地从书刊、多媒体资料、数据库文献中摘录有关文献，运用文献重组技术，进行深度标引和有序化，形成新颖独特的馆藏数据库。

最后，网络环境下高校图书馆同样应加强印刷型文献的特色馆藏建设。在网络化服务和资源共享的发展过程中，往往存在一种误解，即认为实现文献信息书目电子化和服务网络化后，任何资源都可以上网共享，因而，对传统文献资源的收藏的重要程度大大降低。然而，从用户需求的内容和最终形式上看，这一认识很显然是错误的。因为，电子文献只是知识信息资源的一部分，今后即使信息技术进一步发展，印刷型文献仍然会以它特有的属性和功能而长期存在，其作为知识信息的基础地位是不会改变的。相反，随着网络化书目信息的发展，用户通过网络掌握的信息日益丰富，更需要扩大图书馆的传统文献馆藏来满足用户索取印刷型文献的需求。而且，目前互联网上所提供的信息资源中，二次信息较多，高质量的免费全文信息相对不足，难以满足用户的信息需求。所以，高校图书馆资源建设仍然需要强化印刷型文献的馆藏建设。与以往不同的是要不断强化和完善自己的馆藏特色建设，突出优势，避免资源建设上的重复和资金的浪费。为了深入开发利用信息资源，需要对文献的内容进行深加工，即对文献所蕴含的指示概念进行加工，使文献既有其整体检索意义，又有以知识概念为单位的知识单元检索意义。

（六）建立区域性资源共享体系

近年来，各高校图书馆都很重视电子信息资源建设，但是信息资源在校际间分布很不平衡，有的院校由于资金、技术、人员等方面的限制，无力引进或自建更多的数据库。有的即使引进或自建了数据库，不同数据库之间的检索规则和界面也各不相同。众多的数据库在建库结构、涵盖学科内容、检索机制等方面并不具备统一、有序的管理机制。如有的数据库以光盘形式存在，有的以网络形式存在；有的是全文库，有的是索引库；有的是专业数据库，有的是综合数据库，等等。每个数据库各有各的检索方法、规则，每个数据库支持的检索算符和使用的检索语言也不尽相同，给用户带来了很大不便。

根据目前我国高校图书馆的现状和面向新世纪人才培养及知识经济发展的需要，建立区域性资源共享体系是实现优势互补的重要途径。其主要目的是针对用户对原文需求保障率和资源的重复建设所造成的资金浪费。基本思路是建立同一区域内的高校图书馆和一些图书馆及地方公共图书馆之间的资源共享组织管理体系，根据各馆的馆藏特点，统筹文献资源建设，合理布局馆藏。在这一基础上利用网络化书目信息服务，实现馆际文献资源共享，使各馆既保持自己的特色，又避免了资源的重复建设所造成的资金浪费。

北京图书馆和北京大学、清华大学建立的合作关系为建立区域性资源共享体系提供了可以借鉴的榜样。继上海、江苏、广州等省市建立联合数字化图书馆后，天津市也建立了"高等学校文献信息保障系统"（TELIS），要在"十五"期间实现建设数字化图书馆数据中心，建立若干学科文献信息中心，建立采编中心，建设具有馆藏特色的学科文献数据库，建设图书馆工作人员和读者培训基地，建设图书馆自动化集成管理系统，实现各馆间互联互通，投资建设一批电子阅览室。目前已有19所院校参与建设，引进了统一的图书馆管理系统、合作引进了若干个大型数据库，并将各馆自建的特色数据库进行了链接，开始开展馆际互借服务等。数字图书馆的建设，促进了区域资源的合理整合及共享，极大地提高了高校图书馆的整体水平。

四、现代高校图书馆文化方向的创新

图书馆组织文化，来源于组织文化理论在图书馆管理中的应用。它反映和代表了对该组织起影响和主导作用的团队精神、行为准则和共同的价值观。21世纪以来，传统图书馆处于不停的变革之中。新的技术环境对图书馆的影响更是全面性的，图书馆的工作方式、服务方式、组织形态、馆藏发展、人员角色以及运作方式等都受到强烈的冲击。因此图书馆的组织文化也处于调整和变革之中。

（一）建立团队文化

网络技术环境下的高校图书馆组织文化必须善于吸收其他文化素养，以建构合理、优秀的文化。团队文化是现代组织精神必须强调的重要内容。过去图书馆组织的价值观受传统金字塔形结构的制约，形成领导权威至上，各职能部门只关心自己分内事情，相互之间不合作、不团结的风气，这种组织文化对图书馆有极大的毁灭力。被这种等级文化所困扰，必然导致不精简、不灵活、不公平、缺乏创造力、士气低落的后果，也就无法获得读者的支持。因此，高校图书馆要建立良好的团队文化，形成积极、乐观、向上的文化氛围。团队文化主要包括：

（1）具有共同的战略和目标。团队成员清楚地了解并认同组织共同的战略和目标，认同组织的价值观，并乐意为之奉献。

（2）相互信任、相互尊重。团队成员的技能相互补充，共同努力才能达成组织目标。成员之间形成互相信任、互相学习的气氛。人人承担责任，同时享受个人发展的权利。

（3）良好的知识共享氛围。团队提倡开发、坦诚的沟通氛围，成员间信息渠道畅通，知识共享。

（4）自我管理。团队工作得到领导的充分的信任和尊重，团队以自我管理为导向，在决策上更为民主，提倡参与，注重个人能力的发挥。图书馆建设团队文化不是一朝一夕的事情，由于原来的组织文化有足够的稳定性，在任何变革的时候都会受到传统旧的文化的阻碍。因此，要求高校图书馆工作者进行长时间的努力才能逐渐形成。

（二）倡导学习型组织

学习型组织就是把学习与工作系统地、持续地结合起来，以支持组织在个人、工作团队及整个组织系统这三个层次上的发展。学习型组织的最大特点是：学习已成为员工个人、部门主管和团队等组织的共同职责；学习与工作已不可分割地联系在了一起；建立了组织绩效考核及反馈机制；学习与工作中的创新已成为整个组织系统的自觉行为，即通过培养弥漫于整个组织的学习气氛，充分发挥员工的创造性思维能力而建立起来的一种有机的、高度柔性的、扁平的、符合人性的、能持续发展的组织。学习型组织具有持续学习的能力，具有高于个人绩效总和的综合绩效。

学习型组织理论是由美国麻省理工学院彼得·圣吉教授提出来的，提出后首先在企业界得以应用，并取得了很大成效。学习型组织理论认为：学习型组织是一个"处于运动状态，不断创新、进步的组织，在其中大家得以突破自己能力的上限，培养全新、前瞻而开阔的思想方式，不断一起共同学习，再造组织无限生机的组织。"当前，整个世界正在成为一个互相学习的社会。一个组织要想生存下来，其学习的速度必须等于或大于其环境变化的速度。高校图书馆作为一种重要的社会组织，必须适应这种潮流，把自身建设成为学习型组织，以提高图书馆的竞争力。

高校图书馆为给学校教学、科研提供更好的服务，要通过创建学习型组织，培养能够系统思考，不断自我超越，不断改善心智模式，积极参与组织学习，在共同愿望下努力发展的馆员，使全体馆员以共同愿望为基础，以增强学习为核心，以"学习 + 激励"为动力和以团队学习为特征，不仅使每位馆员勤奋工作与学习，而且更注意使人更聪明地工作与学习，努力实现自我超越和不断创新。在竞争激烈、变化多端的环境之中，创建学习型组织，从而求得高校图书馆整体的、长远的可持续发展。

（三）培育"以人为本"的文化

图书馆的存在是为了满足人，高校图书馆的存在是为了满足高校"各种类型的人"——读者对知识、信息的客观需求，这是高校图书馆存在和发展的根本原因。而高校图书馆之所以能够存在，依靠的是图书馆工作者对事业的不断追求和奋斗。因此"人"始终是图书馆存在和发挥的动力和支点。

高校图书馆应树立"以人为本"的价值观。实行"以人为本"的管理模式依赖于高校图书馆文化的支撑。一个有着共同价值取向的图书馆能够对其管理人员和读者倾注最深切的关怀；其管理人员在充分取得自身发展、实现价值的同时，必将更加忠实图书馆的集体事业和未来发展；其读者在获得图书馆良好服务的同时，也必将进一步强化对图书馆的认同感和忠诚度，图书馆由此将获得更好的公众形象。这里的"读者满意"就是"以人为本"的具体体现，是高校图书馆发展的原动力。所以，在高校图书馆的各种服务活动中，应真正树立以读者为本的理念，使读者能够公平、公正、自由、方便地利用和获取各种文献信息，平等享受各种服务，真正体现"图书馆是所有人都可以利用的场所"这一宗旨。

图书馆的工作对象是文献信息，服务对象是读者，其中读者是主体。这就是说，读者是图书馆的重要组成要素，读者服务是图书馆赖以存在和发展的根本依据。印度图书馆学家阮冈纳赞曾提出"图书馆学五定律"，其中前四条都是围绕着图书馆的"读者服务"来展开的，充分体现了"以读者为中心"的服务理念和人文关怀。因此，高校图书馆在提供服务的过程中，就是要通过这种的服务理念，多想读者之所想，多为读者提供方便，在阅读环境、开放时间、借阅方式、书架设置、信息产品的提供等方面，体现出"倾情"。

"以人为本"还应体现在对图书馆员的关怀和管理上，尤其是要致力于建设符合组织与个人共同发展的良好工作和学习氛围，使馆员感受到尊重，体现自己的价值，从而能自觉地工作，在完成图书馆目标的过程中实现自己的个人追求。

第三节　现代高校图书馆人力资源管理创新研究

随着通信技术和计算机技术的迅猛发展，高校图书馆的工作内容和服务方式发生了重大变化。与之相应，读者对图书馆工作人员的综合服务能力也提出了更高的要求。显然，图书馆传统的工作方式和技术已无法满足网络环境下用户对文献信息的需求。高校图书馆要想适应高等教育的蓬勃发展，保持自身持续发展的活力和竞争力，就必须开展图书馆人力资源的建设和管理，打造和拥有一支高层次、高素质的专业管理人员和专业技术人员队伍。

在高校图书馆的发展中，人的作用是最积极、最活跃、最具能动性的，人力资源是可开发并能够提高效益的资源，是一种能够带来剩余价值的资本。而现实中，我国图书馆的职业声望、社会地位、物质待遇等相对较低，缺乏吸引高素质、高层次人才的物质条件。尤其是对人力资源的重视不够，认为人是一种为实现组织目标而不得不付出的成本，缺乏使用人才、留住人才的用人机制。另外，我国图书馆学专业高层次人才培养的规模也远不及图书馆对人才的现实需求。这些不利因素严重影响了我国高校图书馆事业的发展。

为此，高校图书馆首先应当树立正确的人力资源价值观，积极采用相应的管理措施，提高图书馆的社会地位，引进图书馆发展急需的人才；其次应当立足本馆实际，加大在岗人员职业生涯规划、设计和开发的力度，充分挖掘和激发现有人员的工作潜能。

一、现代高校图书馆人力资源管理的概念

现代高校图书馆人力资源管理是人力资源管理中的一个分支。"人力资源管理"最早是作为企业的一种职能性管理活动而提出的。它源于工业关系和社会学家怀特·巴克于1958年发表的《人力资源功能》一书，该书首次将人力资源管

理作为管理的普通职能来加以讨论。巴克主要从 7 个方面来说明为什么人力资源管理职能超出了人事或工业关系的工作范围。其中在第三个方面中说人力资源管理职能的目标是使企业所有员工有效地工作和取得最大的发展机会，并利用他们所有与工作相关的技能从而使工作达到更高的效率。美国著名的人力资源管理专家雷蒙德·A. 诺伊等在其《人力资源管理：赢得竞争优势》一书中提出：人力资源管理是指影响雇员的行为、态度及绩效的各种政策、管理实践及制度。这是对"人力资源管理"的概念的解释，而现代高校图书馆的人力资源管理又是怎样的呢？

二、高校图书馆人力资源管理创新的必要性

人力资源管理的目标是为实现组织目标服务的，也是为组织在市场竞争中得以生存和发展服务的。因此，它本身的目标便是对组织所需人力资源做到"招得进，留得住，用得好，升得快"。即把组织所需人力资源吸引到组织中来，将其保留在组织之内，有效地使其在工作中发挥才能，并通过适当的激励措施，如公正合理的晋升制度，使其对前途充满希望，充分调动积极性，以此来达成组织的最终目标，为组织服务。

除此之外，人力资源管理还应以协助组织发展其竞争优势，提高组织效率和协助组织树立良好形象。高校图书馆人力资源管理的目标则是为了帮助高校图书馆建立合理的人力资源结构，将知识经济时代高校图书馆发展所需要的人才引进、培训、组织和调配，以达到提升高校图书馆的服务层次、服务水平和服务能力，提高高校图书馆的凝聚力和核心竞争力的目的，最终使高校图书馆适应时代的发展，达到高校图书馆自身事业的发展。

（一）人力资源管理创新是高校图书馆适应时代变化发展需要

高校图书馆是为高校教学、科研服务的场所，是高校教学、科研的信息支撑平台，其服务对象是高校师生。在信息时代高校师生对信息的需求无论在质量上还是在时效上都比以前明显有了大幅度的提高，同时也出现了一些知识和信息需求的多样化、个性化、专门化现象。针对这些需求，高校图书馆只有开展多种形式的知识和信息资源服务，尽力满足用户的需求，才能实现图书馆事业的发展，才能真正起到一个学校的文献信息保障体系的作用。这就需要管理者不再固守原有的管理思想，而是接受新的人力资源管理理念，例如"以人为中心"的管理理念。

"以人为中心"的管理理念可以从两个方面进行理解。

一方面从图书馆的用户角度理解：要求高校图书馆以用户为根本，以用户为中心，研究用户的知识结构、知识信息的需求动向和他们需求的针对性、特色性，全面了解用户的需求，并对此做出快速积极的反应。从被动式服务转为主动式服务，通过和师生及时地沟通，了解师生的需求，将资源服务工作落到实处。"以用户为中心"的服务宗旨的实现，真正达到提供高质量信息服务的目的。在新的时代形势下，面对多样化的知识和信息资源提供者的挑战，只有抓住了用户，高校图书馆的存在和发展才能继续进行下去。

另一方面，"以人为中心"的管理理念则要求高校图书馆在对自己内部工作人员的管理上以员工为中心，要给员工提供一个可以自由发挥的空间，激发员工的潜能，使员工的积极性和创造性不被压制，减少员工的流失，这对于数字图书馆的高水平建设和高质量的咨询服务的开展有着至关重要的作用。无论从哪个方面讲高校图书馆要适应时代的发展管理者必须更新人力资源管理理念。

（二）人力资源管理创新是高校图书馆留住人才的有效手段

将现代人力资源管理的各种先进理论和方法应用到高校图书馆的管理当中去，对高校图书馆的人力资源进行有效开发和管理，是图书馆在新的知识经济时代留住高学历、高层次人才的有效手段。随着知识经济和网络时代的到来，现代高校图书馆对文献资源的管理已经从传统的以手工为主的管理手段转变到以自动化、数字化、网络化等现代技术为主的管理手段上，图书馆员作为知识和智力的载体，在图书馆的生存和发展中成为首要因素，高素质、高层次的创新型知识人才和专家成为图书馆发展最重要的资源。因此，图书馆事业的发展，必须依靠广大图书馆员的积极参与和发挥他们的聪明智慧，这就要求图书馆管理层必须充分地调动他们的积极性。

现代人力资源管理理论在知识经济的浪潮下创新发展的一个核心也正是强调对"人"的重视，强调"人"的主体地位在组织发展中的重要作用，强调"以人为中心"的业绩激励型柔性管理。高校图书馆进行人力资源的管理创新，以人为中心，把馆员作为图书馆的主体，把人力资源作为图书馆制定发展战略和发展规划的依据。关心馆员个人的发展，把馆员个人的发展和图书馆的发展紧密结合起来，根据馆员个人的专长、能力和知识结构，提供相应的工作岗位，为其设计合理的职业生涯规划，并为馆员的学习和教育培训等提高自身发展的措施提供各种帮助。这是当前高校图书馆在不能很好地解决人员短缺获得良好的经济收益的前提下，留住人才的一个有效措施。

（三）人力资源管理创新是高校图书馆业务工作发展和创新的需要

在知识经济时代，高校图书馆的业务工作发生了很大的变化，尤其是在网络计算机技术的支持下迅速发展起来的数字图书馆，使得高校图书馆的日常工作也发生了巨大变化。就目前高校图书馆的工作而言，采访、分类、编目、信息咨询、自动化管理等业务工作的学术性、技术性和专业性都比较强，需要受过高等教育的专业技术人员来从事。而这些人员一般都具有较强的成就需求、尊重需求及求知需求。图书馆的管理者应该充分重视他们的作用，在管理中尊重他们的价值，尽量满足他们的个性需求，激励他们的积极性，充分发挥他们的创造性，切实把对他们的重视和有效发挥他们的作用放在重要的位置上。随着图书馆的服务功能和服务模式逐步转向以专门知识和信息资源的加工和提供服务上，图书馆的专业人才和知识专家将承担起图书馆发展规划的参与者、网络信息资源的组织者及知识创造者的职能。为了使他们适应这些职能要求，图书馆管理者更应当有意识地为他们提供和创造机会，使他们通过继续教育、职业培训、在职教育等多种途径来提高自己，掌握从事图书馆创新发展的各种知识和技能，从而使他们成为合格的知识和信息服务工作者。高校图书馆在人力资源管理模式上的创新研究将有利于充分调动图书馆员的积极性、主动性和创造性，只有这样才能更有效地促进图书馆事业的持续稳定发展。

（四）人力资源管理创新是增强高校图书馆核心竞争力的需要

高校图书馆核心竞争力是以知识、技术为基础的综合能力，是图书馆赖以生存和稳定发展的根基，是可为图书馆带来竞争优势的特定能力。核心竞争力是图书馆发展的决定性因素，是其他竞争对手难以超越和模仿的特殊能力。这是一个图书馆存在的理由和取得社会认可的前提。

有学者提出图书馆的核心竞争力主要来源于三个方面：图书馆可提供的文献信息资源、服务水平和专业人力资源。

对于高校图书馆来说符合高校学科建设的丰富独特的文献信息资源是基本保障，针对师生快速便捷的各种服务是其显现优势的基础，而知识结构合理、知识更新迅速、创新能力超强的专业队伍则是其保障之保障，基础之基础，三者缺一不可。可以看出人力资源是高校图书馆的核心资源，是高校图书馆创造更好的信息、知识产品，提供更优质的知识服务的行为主体和活力源泉。所以，高校图书馆必须通过人力资源获取竞争优势。这就要求高校图书馆对人力资源进行科学的开发和管理，即高校图书馆只有打破以前的人事管理模式，进行人力资源管理创新研究，经过科学的分析，组成分工协作的高效工作团队，才能使人力资源确实转变成推进高校图书馆发展的动力源泉，实现高校图书馆本身核心竞争力的提高。

（五）人力资源管理创新是使高校图书馆其他资源合理利用的需要

文献信息、资金、设备、人员和技术等都是高校图书馆的资源，在这些资源要素当中，人力资源是首要的能动性生产要素，其他资源特别是文献信息资源能否得到用户充分利用、发挥其价值，以及高校图书馆的整体效益能否得到提高等，最终都取决于人力资源的开发与利用程度。特别是在如今知识经济时代，数字图书馆的迅猛发展，一些相关的软硬件设备层出不穷，如果没有相关技术人员的支持，数字图书馆是不可能正常运转的。每个高校图书馆的馆藏都是有自己的特色的，与学校的历史沿革和学科建设密切相关的，如何利用好馆藏的文献信息资料，如何使之发挥出应用的作用，都是需要有学科背景的高层次专业人员操作的。所以只有人力资源和其他资源充分结合，才能提高图书馆知识的利用率，从而产生极大的社会效益。

三、现代高校图书馆在人力资源管理上存在的问题

近年来，计算机技术和网络技术带来了高校图书馆界的一次革命——由传统图书馆到数字图书馆的巨大变革，这使高校图书馆的工作内涵和外延都发生了巨大的变化。同时随着知识经济时代的到来和市场经济的不断发展，人力资源以及人力资源管理的现代理念也开始被引入到高校图书馆的管理工作中，管理者们开始认识到高校图书馆事业的发展和腾飞关键在人才，包括人才的培养、人才的引进、人才的配置和激励等。所以管理者们在管理中也普遍引进了竞争机制、考核激励机制和淘汰机制，高校图书馆的人力资源建设工作取得了很大的进步。但是，由于历史的原因和事业单位长期以来存在的体制弊端以及落后的管理思维习惯，

导致目前高校图书馆的人力资源形势依然十分严峻，主要表现在以下几方面：

（一）人力资源的引进机制不合理

目前国内的一些高校图书馆，领导层对图书馆的人力资源引进和配置缺乏系统科学的规划，从而出现了人员引进的盲目随意性和人员配置上的学非所用、干非所长的情况。人员引进不合理问题可以说是一个历史遗留问题，突出表现在两个方面：

一方面，由于主管部门和相关业务关系部门的外在压力，高校图书馆一度成为解决学校教职工子女就业和引进人才的配偶就业的场所，实行岗位聘任后，又接纳了部分校内其他部门岗位分流人员。所以现在对于高校图书馆有"博士夫人馆""人才家属馆"等戏称。这些虽然是戏称，但是也反映了人们对高校图书馆人力的引进非常不重视的现象。可以看出在许多人的眼里高校图书馆是一个不需要多少专业知识的部门，每天的工作就是简单的借、还书的重复劳动，所以才会在解决教职工子女就业和安排引进人才家属时第一个想到图书馆。从这种戏称中我们也可以看出，对于高校图书馆的人才引进机制还没有科学化、合理化、规范化。这批引进到图书馆的人才家属和其他单位分流到图书馆的工作人员能力参差不齐，学历背景复杂，很难保证他们的知识背景和学历层次都符合图书馆工作的需要。在以前传统图书馆占主导地位的时代不需要太多的专业知识，只要具有良好的服务意识，还可以基本完成图书馆的借还服务。但是在目前数字图书馆蓬勃发展的今天，传统图书馆的服务已经不能满足广大师生的需要，而数字资源的推送、学科专题的咨询等专业化、人性化和智能化的服务越来越要求图书馆工作人员的各方面综合素质。而图书馆工作人员引进的盲目性就极大地阻碍了高校图书馆整体工作的开展和工作效益的发挥。

另一方面，人力资源引进机制不合理造成了人员结构的失调。据调查目前高校图书馆工作者员结构不合理的主要问题是知识结构不合理和男女比例失调。在高校图书馆内部一般存在低学历人员多、高学历人员少；文科多、理科少；其他专业多、图书情报专业少等现象。这种人才结构不合理的现象直接影响到高校图书馆高层次工作的开展，如参考咨询、网络信息资源检索、学科导航、特色数据库的建设等，导致读者服务工作难以适应时代对高校图书馆的要求。另外在我国高校图书馆男女比例失调的情况也很严重，平均男女比例在 1∶4 左右，高校图书馆的男女比例都严重失调。这些男女比例失调现象给高校图书馆的工作造成了一定程度的影响，例如一些需要体力的劳动比如说机器的维护、图书期刊的高强度倒架等由男员工完成要比女员工完成效率高一些。还有个别高校图书馆由于女员工产假集中，导致工作不好协调等情况，这些说明在人员的引进时还是要适当注意男女比例的协调问题。

（二）人力资源的配置机制不合理

一方面部分国内高校图书馆目前的岗位配置情况不合理，没有科学合理的岗位设置，缺乏富有挑战性和创新性的岗位。在数字图书馆迅猛发展的今天，部分高校图书馆还不能跟上时代的节奏，背离时代发展方向，固守原来的传统图书馆的工作模式，岗位设置不符合现代数字图书馆的发展要求。在岗位设置上没有考虑到数字图书馆工作的需要，没有考虑到复合型图书馆事业发展的需要，没有考虑到专业型、创新型人才的需要，是目前高校图书馆人力资源管理上需要改进的地方。

传统图书馆的馆藏以印刷版图书为主，一般的岗位设置是图书的采访、登到、分类、编目、卡片加工管理、典藏、流通、阅览等，而且这一切对工作人员的要求不高，主要都是以手工操作为主。但是现在馆藏结构是复合型馆藏，是印刷版文献和电子文献的结合，在一些文献资源的处理上要求提高，要求掌握计算机网络技术。原来固有的岗位设置也已经不能满足图书馆工作的需要了。需要设置一些新型岗位，例如学科馆员、咨询馆员、数字资源建设馆员等。面对知识经济的挑战，合理调整岗位结构已经是势在必行了。

例如美国图书馆员的岗位层次一直以来分为五种：办事员、助理图书馆员、副图书馆员、图书馆员和高级图书馆员。但是针对近年来图书馆聘用大量非图书馆学专业背景的工作人员的现实，美国图书馆协会（ALA）于 1999 年组建专门工作组，提出了融图书馆学和其他相关专业为一体的岗位职级分类表。加入了参考馆员、功能专家、公共服务、主题专家等岗位。这是美国先进的人力资源管理经验，值得我们学习。

另一方面，高校图书馆内部由于各种关系的原因和领导的偏好，在人力资源的岗位配置上也有着不合理的地方。很多高校图书馆的领导还没有完全适应知识经济时代的发展，对图书馆部分岗位的任务和职责没有完全和时代挂钩，以传统图书馆的老眼光看待问题，导致对岗位要求把握不准，出现了一些人力资源配置不合理的情况。这种人力资源配置不合理的情况突出表现在部分专业性、业务性强的工作是由没有该专业背景、不熟悉该专业情况、不具备该技术能力的人员担当；而部分专业人员在不能发挥自己专业特长的岗位长期从事知识要求低、技术含量低、简单重复性的工作。

这些情况都是人员配置不科学、不合理的表现。这种岗位配置失调的情况后果是很严重的。一是造成了岗位任务不能高效准确地完成，同时也在很大程度上造成了专业人才的浪费。有各种复杂要求、需要各种专业技能的工作由不具备该项能力和素质的人员担当势必造成工作的失误，使工作无法顺利完成。而高层次、高素质人才如果长期从事一些简单重复性机械工作，势必引起他们对工作的厌倦，导致人力资源的浪费和人才的流失。

（三）考核机制和薪酬激励机制不完善

目前相当一部分高校图书馆还保持着原来的"大锅饭"分配方式，没有合理的考核机制和薪酬激励机制。

首先，很多高校图书馆没有重视考核机制，没有建立科学合理的、完善的考核体制。没有合理的考核就无法对馆员的工作进行定性、定量分析，无法体现出按劳分配、按贡献分配的原则，也无法使馆员对于自己的工作有一个准确的定位，清楚地明白自己的差距，更好地实现自己的目标。

另外，就高校图书馆目前的情况来看，专业人才岗位收入和普通工作人员的岗位收入几乎没有什么差别，很多需要高新技术的岗位，例如计算机系统维护、网络维护、专业信息导航等，都是需要由专业人才承担的。但在这些专业人才的工资待遇和其他待遇上都没有得到合适的体现，与普通岗位的工作人员几乎没有区别，这样就与其他单位同等专业技术岗位相比收入和待遇偏低，又没有合适的发展空间和科研条件，这样就严重打击了专业人才的积极性和创造性。

（四）人才使用机制和培训机制不完善

高校图书馆的人才使用机制和人才的后续培训机制不完善，造成了高校图书馆人力资源管理情况不符合知识经济时代要求，不能满足图书馆事业的发展需要。高校图书馆在人才使用机制和培训机制不科学、不合理和不完善的地方主要表现在以下一些方面。

1. 没有量才而用

高校图书馆系统中由于一些固有的事业单位的弊端，部分存在"关系""门路"等问题，所以出现过一些大材小用或者小材大用的现象，这些对图书馆事业的发展是非常不利的。前者会造成人才的浪费，一些高学历、高层次的人才没有可以发挥自己特长的地方，抱负得不到施展、价值得不到体现，所以就极易造成人才的浪费。而后者则会造成高校图书馆工作上的损失，使工作目标不能有效实现。

2. 工作内容没有创新性和丰富性

很多高校图书馆还沿袭传统图书馆的工作模式，很多工作由于其工作模式固定、工作内容简单而造成了工作枯燥、呆板，使工作人员感觉乏味。而管理者也没有充分考虑到员工的身心要求，结合信息时代的需要和数字图书馆的发展，设计一些有创新性的工作，或者增加工作内容的丰富性，以提高员工的满意度。

3. 不重视员工培训

目前所说的员工培训应该是指为改变员工的价值观、工作态度和工作行为，使他们能在自己现在和未来的工作岗位上表现达到组织要求而进行的一切有计划、有组织的努力。而目前高校图书馆所普遍存在的问题是不重视员工的培训，不仅仅是工作技能上的培训缺乏，在职业道德、个人素养等等方面的系统培训也比较缺乏。

4. 存在培训对象不合理现象

高校图书馆由于种种原因，致使一部分管理者把培训的机会当作了送人情的礼品，使得有些能力不够、接受力能力比较弱的人参加了各类培训但是却缺乏实际应用能力，而部分能力较强、水平较高、工作需要的人反而没有机会参加培训。这样就造成了资源浪费、工作目标无法实现的问题。

总的来说，高校图书馆的管理层往往存在着忽视人力资源的现象，重视现代技术设备等硬件设备的添置更新，却忽略了对高层次工作人员的引进；重视对物质经费的投入，不重视人力资本的投入。另外，现在许多高校图书馆虽然开始重视人才的引进，但却缺乏对人才的合理使用和后期培养。不合理用人机制和培训机制使高校图书馆陷入了人力资源匮乏的境地，在建设数字图书馆或者提供高层次服务上显得力不从心，不能适应时代发展的需求。

5. 人才流失现象严重

由于目前高校图书馆管理层人力资源管理观念的淡薄，国内许多高校图书馆缺乏系统科学的人力资源管理制度，加之市场经济大潮对人们思想的不断冲击，近几年来高校图书馆的许多高层次、高素质、有能力的人才因在图书馆找不到自身价值的发挥空间而纷纷跳槽，还有的人才因为自身的观念和图书馆的管理体制不相融合而提出调离。这些问题的存在使高校图书馆的人力资源现状不容乐观，高层次、高学历、高素质的人才流失严重。

据天津市图工委的调查，天津市的高校图书馆专业人员中 11% 的表示对图书馆工作不感兴趣，16% 的抱着有机会就走的态度，50% 图书情报专业的大学生已跳槽。在江苏高校图书馆，只有 13% 的人对图书馆感兴趣，准备调走的占 35%。全国图工委曾对北京、武汉、长春、广州等地高校图书馆的大学生进行了一次调查，结果显示安心图书馆工作的只占 47.8%，想调走的占 39%。另外，据调查各大专院校近几年来从毕业生中留下 3000 多名非图书情报专业毕业生充实到图书馆，可经过各种渠道外流的就达 2000 余人，还在岗位上的也充满了不安心的因素。

四、高校图书馆人力资源管理存在问题的原因分析

（一）人力资源管理观念不强

从全国高校图书馆的整体情况来看，现代人力资源管理的新理念还没有完全建立起来，许多高校图书馆对人员的管理基本上还停留在传统人事管理上，表现在对人力资源管理的新理念缺乏了解，对人力资源管理的重要性缺乏认识。把图书馆事业的发展主要还定位在资金投入上，以为资金的短缺是图书馆的发展瓶颈，还没有意识到图书馆发展的真正危机和瓶颈是高素质、现代化的知识创新型人才的短缺。所以，在实际的管理工作中，不少高校图书馆例如许多"211"院校的图书馆抓住这几年"211"专项资金支持的机会，大力进行硬件设备的更新和文献资源建设，这本无可厚非，也是必须去做的，但是在"211"项目的规划上很少考虑到人力资源的开发建设问题，图书馆发展工作的中心主要还集中在"事"和"物"上，还没有转到以"人"为中心的发展观上，所以对人才开发的意识不足，人才危机意识淡薄。特别是许多图书馆的主要领导人，缺乏现代化的人力资源开发和管理理念，还停留在传统的人事管理上，观念滞后于时代发展的需要，已经

成为高校图书馆事业发展的主要障碍之一。

（二）人力资源管理制度不健全

由于许多高校图书馆在人力资源管理方面缺乏人力资源管理长期规划，未能形成良好的竞争机制和健全的人员管理机制，在岗位设置和人员调配等方面随意性较大。这就导致了岗位设置和人员结构不匹配，人力资源配置不合理，不能很好地体现能级对应的原则，使得一些能力与素质较为出色的人长期从事低层次或者与个人特长不相符的工作，既挫伤了员工的工作积极性，又制约了人的主观能动性的发挥，造成一定程度的人力资源浪费。另一方面员工收入与员工的实际工作业绩挂钩的激励机制还没有真正发挥作用，分配中的平均主义思想还未根除。缺乏规范系统的人力资源引进、培养、稳定和岗位业绩、职责考核等方面详细的操作制度，激励与约束还没有在管理中发挥作用，这样在管理中就不能很好地激发工作人员的潜能，使员工很难对图书馆产生归属感。由于缺乏系统的培训和教育机制，还导致了工作人员的知识结构老化，难以适应新时期图书馆事业发展的需要。

（三）外部环境的冲击

人总是生存在一定环境中，环境的优劣对人的影响是很大的。而现在的外部大环境是随着市场经济的发展，人们的传统观念在不断地更新，形成了新的价值观念，如主体性观念、公平竞争的观念、经济效益的观念等，这对许多仍处于传统模式下的高校图书馆造成了很大的冲击。在市场经济条件下，人才市场日益活跃，社会择业范围不断拓宽，人们的择业观念和价值观念发生了很大的变化。对物质利益追求的重视，诱导人们自发专注于物质利益的满足，经济意识的觉醒和趋利心态，也使人们纷纷跻身高收入行业。而和其他行业和职业相比较，图书馆工作收入菲薄，而且没有其他可以创收的机会，工资待遇的低下不能满足人们的经济价值追求。并且传统图书馆概念在人们头脑中根深蒂固，馆员的工作被认为是可有可无的、无足挂齿的。这些偏见的存在使得馆员难以对自己的职业产生成就感和光荣感，馆员的专业才能得不到发挥，归属感与成就感得不到统一与满足，心理也就会失衡。所以在强大的外部环境的冲击下，许多有能力、高学历的人才和热门专业人才一有机会便纷纷跳槽，造成了图书馆人才流失现象严重。

（四）缺乏高层次人才的工作环境和发展空间

在知识经济时代，建设新型的数字化图书馆和研究型图书馆等知识型图书馆的过程中，高层次的创造型人才对图书馆的发展至关重要。然而当前我国高校图书馆总体上高层次人才匮乏和流失的现象十分严重，其中一个主要原因就是缺乏高层次人才发展的空间和工作的环境。到目前为止，我国许多高校图书馆还是以传统的作业流程设置部门、配置人员，图书馆工作还是以图书资料的登到、分类、编目、借阅、流通为主要内容，还没有转向以知识的深层加工和专门知识的定向服务、信息资源的传递为主的新时代图书馆发展需求上来。在这种环境下，高层次人才难有用武之地，看不到自身的价值，削弱了他们进行创新工作的激情，局限了他们的发展空间，为了找到自身的价值，不使自身的知识老化，这也迫使许多高层次的人才不得不转向其他工作岗位。

五、现代高校图书馆人力资源管理创新的对策

（一）高校图书馆人才的选聘

招聘工作是整个人力资源管理工作的基础环节之一，招聘工作直接关系到组织中人力资源的形成，如果招聘不到合适的员工，以后的工作都会受到影响。招聘的成功取决于多种因素：外部因素、组织和职务的要求、应聘者个人等。

1. 营造图书馆人才引进的外部环境

人总是受到环境变化的影响的，所以营造良好的内外部环境对于高校图书馆改变传统人事管理，实现人力资源管理创新是非常重要的。首先要创造良好的人力资源开发和管理的外部大环境。高校图书馆作为高等院校的一个服务部门，它要实行的许多重大的策略和措施必然会受到学校相关部门的制约和影响。所以，一方面要把高校图书馆在知识经济时代采用现代人力资源开发和管理方式以及高校图书馆的业务创新对学校教学科研的重要意义，与学校相关部门进行沟通，争取学校对图书馆人事管理改革的支持。另一方面要争取学校加大对人力资源开发与管理的资金（即人力资本）投入，使他们明白对人力资源进行系统的开发管理，不断提高工作人员的素质和知识层次对高校图书馆事业发展的重要意义。只有营造了良好的外部环境才能为高校图书馆吸收高素质人才打下良好的基础。

2. 合理规划人员结构

高校图书馆管理者必须考虑的人员结构是体力结构和智力结构的有机组合体。所谓体力结构是指高校图书馆人员本身的自然力与生产工具的构成形式。所谓智力结构，是指高校图书馆人员在智力要素上的构成情况。目前要着重考虑的是年龄结构、专业结构、知识结构、职称结构、智能结构、素质结构等。高校图书馆人员结构又是由个体结构与群体结构组成，个体结构是群体结构的基础。个体结构是指高校图书馆人员个体所具备的观念、思想、知识、道德修养、能力、体质等的综合体。群体结构也称人才结构，群体结构的组成要素主要包括年龄结构、知识结构、专业结构、专业技术结构等。在招聘时要注意个体结构和群体结构的综合考虑。一般地，对于个体结构来讲，一个人不可能集中所有的优点。所以，怎样合理组织图书馆的人员结构，形成一个优化的图书馆群体结构，是管理者的重要工作。据调查目前高校图书馆人员结构不合理的主要问题是知识结构不合理和男女比例失调，这些都是需要借助人员选聘时解决和调控的问题。

3. 明确人才招聘发展目标

在进行招聘前管理者首先要对自己图书馆现有的人员结构情况进行全面了解，做一个综合分析，然后根据已有的人员结构情况和近期图书馆的目标来制定招聘计划，对招聘目标有一个明确的要求。另外，由于图书馆的业务建设具有继承性的特点，这一特点决定了高校图书馆人力资源开发尤其是高层次人才的开发同样要有继承性特征。因此，高校图书馆人力资源开发管理中，不仅要着眼于眼前培养、引进和稳定高层次人才和业务带头人，还要着眼于长远目标的规划，建设专业人才梯队。随着数字图书馆的发展和专向咨询服务的开展，图书馆应制定一系列近期发展目标，包括建立学科馆员制度、建设特色数据库等。这些目标的实现需要有学科背景的专业人才和计算机网络人才。

（二）高校图书馆人才的使用

1. 优化用人环境

在人力资源特别是人才的使用、考核评估和薪酬对待上，要打破论资排辈、职称终身制和许多方面的"大锅饭"管理方式。按照绩效优先，兼顾公平和公正的原则，建立一套科学的竞争机制、考核激励机制和淘汰机制，使人才得到合理的配置和使用，使他们的价值得到最大发挥。要做到这一点，高校图书馆的管理者就要了解每一位员工的特点，帮助他们找到个人发展和图书馆发展目标协调一致的结合点。为了合理地使用人才，使他们的能力与岗位相适应、专业知识和实际工作相适应，就必须优化用人环境，尤其是营造和优化高层次人才的使用环境，为他们才能的充分发挥创造条件。

（1）学科馆员制度的建立

学科馆员制度是高校图书馆挑选若干既熟悉本馆所拥有的各种信息资源、具有较强的文献信息检索和知识组织能力，又具有某学科领域丰富的专业知识和学科知识评价能力的图书馆员，分别担负起专门为高校某学科用户提供深层次知识和信息服务的学科馆员工作，这是区别于传统的参考咨询工作的一种新制度。

在传统的参考服务中，往往是读者需要什么，图书馆员就帮着找什么，服务内容简单，使许多馆员感觉到自己多年学有所长的知识难以发挥其作用。于是出现了有的馆员要么不安心于图书馆工作，要么满足于应付日常普通的管理工作，缺少更新自己专业知识的动力的现象。而建立学科馆员制度，就是要让学科馆员定期下院系，向院系的师生介绍图书馆关于本学科的新资源、提供的新服务。让学科馆员深入各学科了解教学科研对专业文献信息的需求，有针对性地对学科专业文献信息进行收集、整理和分析研究，以及进行相关创新知识的整合，主动为各学科读者和课题研究人员提供高水平、深层次的信息服务。

从服务技能和服务层次上说，学科馆员制度都对馆员提出了很高的要求。学科馆员要从院系师生的目标出发，进行相关学科知识的收集与捕获管理，利用各种搜索工具，针对相应学科外部知识进行跟踪、搜索、检索和获取，对学科内部知识尤其是隐含知识进行跟踪和捕获；利用各种分类工具对学科知识分整合，经过分类整合将杂乱无章、难以利用的知识整合为具有利用价值的知识。这就要求学科馆员在自身专业知识的基础上，利用信息技术、数据库技术和人工智能技术，从重点学科纷杂的信息流中发现新的知识点及知识间的联系，按学科知识体系组织到数据库中，并通过计算机存取、检索算法进行智能匹配，使相关学科用户能方便地检索有关数据与知识；利用专家系统、专门分析工具、决策支持系统等支持重点学科用户对知识的分析和运用，利用知识管理系统将知识的应用有机融合在日常工作过程中，并将所产生的重点学科研究新知识迅速组织到相关重点学科知识管理体系中。

工作要求的提高、工作内容的丰富化，给那些既有某方面学科专业知识，又有文献信息服务技能的馆员创造了发挥自己特长、施展才华的空间和机会。也能够激励学科馆员不断学习文献信息服务的各种技能，努力完善、更新自己的专业知识，加强专业领域学术研究，从而达到员工综合素质提高和自我价值实现的目的，最终也促进了高校图书馆人才队伍的稳定。

（2）科研课题的参与和科研项目的承担

随着知识经济的发展，高校图书馆作为文献信息资源的集散地，越来越显示出它在信息采集、信息加工、信息存储、信息发布、信息处理以及信息整合方面的优势。作为高校图书馆的工作人员有着获取信息资源的很多优势条件，尤其是学科馆员，他们本身具有相关专业的学科背景，再加上在为科研课题服务的同时，一直在跟踪相关课题所涉及学科知识的前沿信息，所以使得他们也具备参与到科研课题中的实力。这批学科馆员的参与，不但使他们自己的价值得到了体现，而且使课题的资料搜集、分类和整合的效率得到了明显的提高，达到了学科馆员和课题组成员的双赢。目前在国内已经有部分图情人员以这种形式获得了成功。鼓励学科馆员在为科研课题进行信息咨询服务的同时，参与到一些重大的科研活动中来，可以不断增强图书馆在学校教学科研中的信息文献和创新知识服务的支撑作用，最终使图书馆真正成为学校教学和科研知识参考服务的中心。

管理者合理组合高校图书馆内部的人力资源，争取参加一些与高校图书馆建设相关的科研项目，也会给图书馆员创造一个良好的个人发展空间。在目前数字图书馆迅速发展的今天，图书馆界也出现了很多新的课题，如国家专项基金支持项目"中国数字图书馆标准规范建设"，中国高等教育文献保障体系的各类子项目，等等。管理者应该充分调动图书馆员的积极性和创造性，为其积极争取参加到各类项目中去的机会。一方面可以给本馆员工提供一个实现自己价值的空间，另一方面通过这种科研项目的参与可以使高校图书馆的综合服务水平和服务能力提高，使高校图书馆的整体竞争力提高。

2.图书馆员进行自身职业生涯的设计与管理

（1）职业生涯设计与管理的概念

职业生涯是指一个人一生中的所有与职业相联系的行为与活动，以及相关的态度、价值观、愿望等的连续性经历的过程。职业生涯设计与管理包括个人的职业生涯设计与管理、组织的职业生涯设计与管理两个方面。

个人的职业生涯设计与管理是指个人为了达到一定的职业目标，实现自我价值，对自己一生职业发展道路的设想和规划，以及个人对职业生涯的设计及规划的执行、评估、反馈的综合管理过程。主要体现在个人制定职业生涯发展计划和对实现这些目标的时间、步骤的合理安排、规划与管理等方面。因此它不仅要求个人对该项计划满意，而且还需要该项计划对个人的发展与成功有潜在的帮助。

组织的职业生涯设计与管理指的是组织为了自身战略发展的需要，以员工为中心，以员工的全面发展为出发点，根据员工的实际状况，协助员工规划其职业生涯的发展，由管理人员与员工共同设计出员工的职业生涯通道，为员工提供既适合个人发展、又反映组织目标和文化的教育、培训、轮岗、晋升的发展机会。组织对员工的职业生涯开发与管理是一个满足员工和组织人力资源需要的互动过程。组织的职业生涯设计与管理的具体内容主要体现在建立职业阶梯、提供合适的岗位，针对组织各成员的才能与个性制定定向培养模式、培养计划，以适应个体工作岗位的需要。

（2）高校图书馆员职业生涯设计与管理的作用

职业生涯设计与管理对图书馆员个体和高校图书馆来说都是非常有利的事情。

①对图书馆员个体的作用

一是可以帮助图书馆员实现自身的职业生涯发展目标。通过职业生涯设计与管理可以使馆员充分地了解自己职业技能情况、认识自我，并且对自己的职业发展正确定位，规划好自己的职业发展方向，这样图书馆员就可能为了目标的实现不断激发自己的潜能，取得更大的成功。

二是可以激励图书馆员不断提高个人综合素质。在知识经济社会，高校图书馆的工作内涵也在不断升级换代，对图书馆员的要求越来越向高素质综合型人才发展。对馆员实行有效的职业生涯设计与管理，可以更好地激励他们不断充实自己的知识组合，建立全新的知识构架，发展各方面综合能力，不断提高个人综合素质，最终适应社会发展的要求。

三是可以提高图书馆员个体的工作和生活质量。职业生涯的设计与管理是基于员工的兴趣、能力、技能、家庭而确定其岗位、目标和通道的，因此可以最大限度地调动其积极性、最大限度地开发其潜能、最大限度地发挥其才能，从而最大限度地提高其工作和生活质量。对馆员实行有效的职业设计与管理，可以充分考虑高校图书馆与图书馆职工的需要与可能，考虑环境变化的可能影响，有机地把轮岗、晋升、培训、考评、补偿结合起来，因此对员工在组织内发展的考虑更加系统和全面，可以使馆员最大限度地创造效益。从而可以获得更多的满足和成就感，获得更多的报酬，提高工作和生活质量。

②对高校图书馆的作用

职业生涯设计与管理对高校图书馆最重要的作用是有助于实现高校图书馆人力资源配置的计划性和合理性。当一名新员工入馆之初，就由图书馆与个人共同制定基于个人兴趣和能力特点的职业生涯计划。先给每一位馆员配备与个人能力相匹配的工作岗位，在工作中不断开发馆员的能力，注重对馆员的培训，然后根据个人的实际情况和图书馆的需要适时调整其最终的职业发展方向。基于合理化的人员分配，可使人才得到有针对性的利用，人才各司其职，各展所长，为图书馆各业务工作的顺利开展提供帮助和支持。

馆员职业生涯与设计是一个动态的不断调整的过程，在馆员职业生涯设计与管理的过程中，充分考虑到环境、组织、个人和家庭环境的变化，图书馆组织目标、组织结构、组织政策的变化，让高校图书馆的人力资源的配置保持合理性，达到馆员个体发展目标与高校图书馆的发展战略相吻合的目的。通过这样的职业生涯设计管理有利于减少图书馆工作者才流失现象。因为通过职业生涯的科学设计与管理，安排出符合馆员发展的生涯道路，为馆员营造良好的氛围，让他们施展才能，给予他们广阔的发展空间，尊重并信任他们，让他们的正当的发展需要得到满足，在条件成熟的时候让他们担当起一定的社会角色。在当今高校图书馆界依靠自己的力量还不能从根本上解决图书馆馆员的报酬和待遇问题的前下，这无疑是留住人才的一个有效措施。

（3）图书馆员职业生涯的设计与管理

①馆员个体职业生涯设计与管理

a. 正确的自我分析

正确的自我分析主要包括对个人因素分析和环境因素分析两部分。

个人因素分析主要是：一是分析个人的价值取向，自我确定生活目标及人生道路；二是分析自己的知识结构及职业技能水平；三是分析自己的个人特质，包括性格、气质、智力等；四是分析自己的兴趣爱好，包括专长和职业倾向。

环境因素的分析，对于馆员来说主要是分析组织环境和技术环境对个人职业发展的影响。组织环境包括员工所在的高校图书馆的组织文化、规模、组织结构、工作氛围、人际关系及相关的规章制度等。技术环境主要是指现代技术与管理的发展对图书馆事业发展的影响等。

b. 确定个体职业生涯发展的目标

通过对自己的正确、科学的分析，馆员可以确立个人的职业生涯目标及职业活动。馆员职业目标的确定必须和高校图书馆的职业生涯计划、目标保持一致：第一，高校图书馆对个人的设计应提供一定的指导；第二，高校图书馆的目标应是按科学发展观制定的。

c. 选择合适的职业生涯发展道路

在职业生涯目标确定以后，馆员应该采取符合在高校图书馆领域发展的路线，其目的是科学地安排自己的学习和工作，避免盲目性，使其沿着职业生涯路线向预定的目标方向发展并获得成功。在不同时期，馆员对职业生涯发展道路的选择可能会有所变化。

d. 制定和实施相应的计划与措施

计划与措施主要是个体职业生涯发展目标、道路的执行系统和操作系统。馆员要根据自己的具体情况，针对不同的岗位要求提出各针对性强的具体要求，制定出可行的计划与措施，并要进行深化、系统化，进行分解和实施。

②高校图书馆对馆员职业生涯的设计与管理

a. 职业生涯准备阶段（进入组织阶段）

这一阶段高校图书馆的主要任务是帮助个人进行职业准备，组织做好招聘、挑选和配置工作。主要任务是根据人力资源的需要发布职业岗位需求信息并进行有目的的招聘和组织上岗培训，考察、评定并帮助新员工选择好适宜的工作岗位，帮助馆员确定志向、明确发展目标。

b. 职业生涯早期阶段（早期职业阶段）

这是一个新员工和高校图书馆之间相互发现、相互接纳、职业匹配和职业生涯定位的阶段。在这一时期，馆员要学习工作技能，提高工作能力，根据自身的条件和工作岗位，适当调整职业目标，高校图书馆也要根据馆员个人的表现，基本确定该馆员今后的发展方向。

c. 职业生涯中期阶段（中期职业阶段）

这是员工职业生涯中时间跨度最长、最为重要的一段时期。在这一时期，高校图书馆对他们的职业设计的重点就是要通过多种方式，帮助馆员解决职业生命周期变化中的诸多问题，激励他们继续奋进，可针对不同馆员的实际情况，开通各种职业生涯发展通路。

d. 职业生涯后期阶段（后期职业阶段）

这一阶段高校图书馆的职业生涯的设计与管理，主要是帮助馆员继续发挥自己的热能和智慧，帮助他们成为其他馆员的良师益友，传授自己宝贵的经验，以发挥余热，并创造条件让他们发挥多种兴趣和爱好，引导他们更多地参与社会公益活动，并作好退休之前的工作衔接。

（三）高校图书馆人才的培训

由于人力资源特别是人才的素质对于高校图书馆事业有着非常重要的意义，这就要求注重对人力资源特别是人才的培养，加大人力资本投资的力度，促进馆员的知识更新和技能提高，鼓励馆员积极参与学习。通过建立人力资源的教育培训体系并使之制度化，将使高校图书馆的人力资源开发工作走上科学化的轨道，在执行过程中将主要按制度来进行，从而避免因为领导的变动和主要领导的个人偏好不同导致在人力资源教育培训计划上出现大的反复。

1. 图书馆员培训的主要内容

（1）职业道德教育

图书馆职业道德教育在图书馆员的素质教育中居首位。在对图书馆员进行教育培训的过程中，首先要使他们树立正确的职业意识，深刻认识图书馆的性质、地位和作用，从而增强责任感。要培养馆员的职业情感和兴趣，养成良好的职业行为，树立敬业、爱业的思想，树立尽职尽责的奉献精神，从而提高为读者服务的水平和质量。

（2）图情知识

图书情报专业知识是高校图书馆本身业务所要求具备的相关专业知识，图书馆员要高质量地完成本职工作，就必须系统地掌握图书馆学、情报学、文献学、信息管理等基础理论和专业技能，从而提高服务质量。尤其是文献信息的采集、分类、编目、典藏等相关知识是图书馆工作人员首先需要进行培训的。

（3）语言知识

在知识经济环境下，随着高校图书馆的数字化、网络化，文献资源共享成为现实，知识的交流与传播已跨越了国界。因此，要求图书馆员在牢固地掌握汉语知识的同时，还必须掌握至少一门外语。

（4）信息技术知识

馆员应该学习现代化技术在高校图书馆各工作环节的运用，尤其是网络信息资源的开发、管理、服务等技能，以适应图书馆数字化的发展要求。图书馆员首先必须掌握信息技术，包括信息获取与信息传递技术、信息存贮技术、信息处理分析技术。其次，必须熟练地掌握计算机操作、多媒体技术、图络技术，进行信息的采集、存储、组织和提供利用，开展网络服务。

（5）学科专业知识

鼓励学科馆员进行相关学科专业知识的学习，只有掌握了比较丰厚的学科专业知识，才能为用户提供更加有针对性、时效性、全面性、权威性、有价值的信息资源服务。

2.图书馆员培训的主要方法

（1）在职进修

鼓励员工利用工余时间参加各种学历或者学位进修。只要对其所从事的工作或者对于高校图书馆的某一方面工作有帮助，图书馆都大力支持。例如，图书馆员参加计算机技术硕士的学习，参加管理学硕士的学习，参加语言学硕士的学习等在职进修。参加这些学习有助于提高员工的综合素质，增强员工的学习能力和创新能力，对他们所从事的工作有很好的促进作用。

（2）轮岗制度

将馆员交叉派往高校图书馆内部各个部门或岗位进行学习和工作，可以让馆员全面直观地了解图书馆的各项业务，训练和提高馆员多功能作业、解决实际问题的能力。也有利于培养复合型人才，并提高整体的工作效率。可以让新入职的职工在每个部门工作一到两个月，然后按照个人能力和工作需要安排定岗。这样使新职工系统、直观了解图书馆的业务流程，也使管理者考察了新职工的业务特长，有助于员工职业生涯设计。

（3）馆内培训

高校图书馆通过聘请专家、专业能手等形式组织各种形式的职工培训。一般采取专题讲座或者短期培训班的形式，主要内容可以是工作技能、英语、小语种、计算机等。

（4）外出学习

外出学习一般指派人参加专门学会或专业单位举办的专题培训，或者派人到一些先进高校图书馆进行短期考察学习等。还可以采取岗位学习的办法，即到其他学校图书馆部分岗位工作一段时间。

（四）高校图书馆人才的绩效考评机制

1. 高校图书馆的绩效考评

高校图书馆人员绩效考评是指运用各种方法对图书馆中的各类工作人员进行定性与定量的测量与评价，是高校图书馆人力资源管理的一项基础性措施。具体内容包括对图书馆工作人员素质和工作绩效测量标准的制定及测评方法的设计与实施。考评包括测量与评定两方面内容，并具有定量和定性双重性。在测量与评定的实际操作中，量化的测量和质量的评定总是联系在一起的。对馆员工作的定量描述是测量的结果，也成为评定馆员工作情况的基础。

在对馆员的工作评定中，首先应有量化的测评基础，没有一个基本的量化考核的基础，定性的考察便无所依据。但要切忌就数论数的趋向，应该对馆员的工作数量有一个质的解释。只有在定量描述基础上并高于定量的分析评定，才真正具有价值，才可能为测评后的人事决策提供客观准确的信息。要搞好高校图书馆的绩效测评工作，需要注意遵循以下原则：

（1）客观性与公正性原则

在测评工作中，无论是对馆员工作数量的测量，还是对馆员工作质量的评定，都要建立在馆员实际工作情况的基础之上。遵循客观性原则与公正性原则是测量和评定馆员工作的基础，也是使绩效考评工作达到实效的保证。

（2）定性与定量测评相结合的原则

对馆员工作情况的测量与评定二者间不仅具有统一性，还具有互补性。测评过程中馆员工作的数据虽然能够说明一定的问题，但是仍具有局限性。评定可以对这些数量的结构和价值加以解释，从而赋予这些数据以重要的意义；反之，评价也需从数据入手，没有相应的数据资料，分析评价便无从入手。一般情况下，简单的工作较易于进行定量的测量，而层次较高的，尤其是一些具有较高创造性的工作，比如说高层次咨询服务、数据库建设、应用平台开发等工作应该更多地给予定性的质量评定，而不是简单地以量说明一切。

（3）注重实绩的原则

在对图书馆员进行测评的过程中，要注重实绩，即注重考察馆员的工作实际成果。工作实绩是工作人员付出的劳动并为社会所承认的部分，是工作人员工作能力、工作态度以及实际工作的质量和数量的综合体现，因此也是测评中最为重要的内容。遵循注重实绩的原则，可以避免考核测评中虚假的、不真实的现象出现，鼓励和培养馆员务实的工作作风。

（4）民主公开的原则

所谓民主公开，是指图书馆管理部门通过有效方式或程序使馆员参与考核测评的过程，包括征求馆员意见、民主评议、民意测验以及馆员参与考评机构等。要增加考评工作的透明度，做到考评过程和考评结果的公开。

2.高校图书馆的绩效考评要素设计

要使考核真正收到实效，绩效考评要素的设计是一个重要环节。进行测评考核要素的设计应符合以下几个要求。

第一，要素的设计要有针对性。在对考核测评要素进行设计时，应该针对图书馆各部门的实际情况，结合各部门的工作职责，以及工作职责对馆员素质所提出的要求进行考察，以使考核结果符合本部门的情况，利于推动本部门工作的发展。

第二，要素的设计要内涵明确，表达清晰。所谓内涵明确是指每个要素都应有明确的含义，表达清晰是指考核测评要素的文字表述应具有直观性，使人一目了然；应避免由于表述过于概括、含混而使测评者不知所云。只有做到内涵明确，才能保证外延合理，使图书馆管理者对考核测评的要素有较为统一的认识，使不同人员的评估结果具有可比性。

第三，要素设计要遵循少而精的原则。所谓少而精是指测评要素的设计应尽量简单，以能够获取测评中必要的信息为目的，选取最有代表性和最有特征的要素，切忌繁琐。最后要素设计要遵循逻辑合理的原则。在设计测评要素时要将某一类测评指标归纳在一起，这样有利于管理者在测评中对不同测评指标的比较。

我国公共部门人员考评的要素主要包括德、能、勤、绩四个方面，高校图书馆的馆员考评也可以借鉴公共部门人员考评的要素方法。德是指政治思想与道德品质。首先应该做到遵纪守法，其次，要具有良好的道德修养，做到爱岗敬业、甘心奉献。能是指胜任现职的智力水平与实际能力。能力考核的内容要根据馆员所承担工作实际情况确定。一般包括图书情报专业知识、英语水平、计算机水平、学科背景水平、语言表达能力、文字写作能力、革新创造能力以及身体素质状况等。勤是指工作中的勤奋与敬业精神，主要考察馆员的工作态度、责任心和服务精神。绩是指工作的实际绩效，包括馆员完成工作的数量、质量和效率，以及工作成果的经济价值和社会效益。馆员的工作绩效是个人工作能力、工作态度的综合反映，因此应该成为考评中最宝要的内容。目前比较受认可的这四种测评要素的比例是：德 20%，能 30%，勤 10%，绩 40%。

（五）高校图书馆人才的竞争机制和激励机制

1. 竞争机制和激励机制的建立的必要性

建立竞争机制是市场经济环境下聘用人员最基本的要求，也是开发人才资源的最佳途径，竞争是人力资源优化的动力。长期以来，高校图书馆的许多工作人员认为自己端的是"铁饭碗"，抱着不求有功但求无过的态度去工作，所以就缺乏创新精神和竞争意识。而建立公开竞争、优胜劣汰的竞争机制，一方面可以使有真才实学的人才脱颖而出，受到重用；另一方面也使一些能力平庸，不思进取的人员受到鞭策，增强他们的危机感和紧迫感。这样就会对馆员们形成一种不进则退的压力，从而促使馆员们产生努力工作、奋发学习进取、积极创新的动力，从而极大地提高服务工作的效率。

建立激励机制，可以有效地调动馆员的积极性和创造性。根据组织行为学和管理心理学的相关原理可知，激励是引起需要、激发动机、指导行为、实现目标的心理过程。要建立科学的激励机制首先就要制定科学合理的绩效评估体系。评估体系是激励的基础，具有标准的评估才能进行有针对性的激励，也才会达到激励的效果。传统的评估体系多以资历为标准，严重压抑了员工进行创新的积极性，所以，科学合理的评估体系应该是重绩效、轻资历，促使员工将自己所掌握的知识和潜能运用到为组织增效的实际活动中去。在建立考核指标体系的过程中要把考核的内容逐项量化，并根据每个要素的得分情况进行汇总评分，把它作为衡量工作人员能力和绩效的重要依据。另外，还应采用团队绩效评估的方法，将个人的绩效纳入到所属团队的整体绩效之中，使个人和团队形成利益共同体，从而提高高校图书馆的整体绩效。

2. 激励机制建立的具体方法

高校图书馆员激励机制的实行方法主要有物质利益激励法、个体精神激励法、外部因素激励法。

（1）物质利益激励法

按照马斯洛需求层次理论，物质需求是人的基本生活需求。物质激励的内容包括工资、奖金和各种公共福利。物质利益激励是一种最基本的激励手段，因为获得更多的物质利益是普通馆员的共同愿望，它决定着馆员基本需要的满足程度。物质利益激励是个体精神激励和外部因素激励的基础。高校图书馆在实施激励机制的过程当中，要恰当地进行物质利益激励。因为这是改善图书馆馆员生活环境和生活质量的基础，也是馆员学习和工作的基础。

（2）个体精神激励法

个体精神激励法包括榜样激励、荣誉激励、绩效激励、目标激励和理想激励。

①榜样激励。高校图书馆管理者要树立本部门、本单位的榜样和楷模，并对榜样和楷模进行必要的奖励，可以是物质、精神、晋升、培训等方面。这样可以为馆员增添克服困难、学习新知识、掌握新技能的目标和决心。

②荣誉激励。按照马斯洛需求层次理论，获得荣誉是一种较高层次的需求。这种需求对人的进一步发展具有很强的推动作用。荣誉激励的充分运用可以满足馆员的自尊需要，极大地激发馆员的学习和工作热情。高校图书馆通过这种激励方式，让馆员知道自己是出类拔萃的，同时也能更好地激发其他馆员的学习和工作热情。

③绩效激励。高校图书馆应通过科学、合理、公正、公开的绩效考评，让馆员知道自己的绩效考评结果，对于绩效好的员工是一种鼓励，对于绩效一般或相对较差的员工也是一种鞭策。高校图书馆通过这种绩效的评估，可以对所有馆员产生激励作用，促进馆员学习的动力。但这种激励的前提是绩效考评的公正、公平、公开。

④目标激励。恰当的目标对人的行为具有导向、调控和激励功能。人的思维和行动都具有一定的目的性，设立一个适当而又具体的目标，就可以有效地激发人们的动机，鼓舞和激励人们为之积极地努力奋斗。高校图书馆要根据形势和任务确定一个时期内切实可行的组织目标，并使馆员自觉地为实现这个目标而努力奋斗，使馆员将压力变为动力，最大限度地挖掘其内在潜力。这种做法可以激发馆员的斗志，激励他们更出色地完成学习和工作的任务。

⑤理想激励。如何将馆员自身的追求和理想与图书馆工作联系起来，即馆员自我价值的实现与图书馆的发展和谐统一，这是一门科学，也是一门艺术。管理者应该了解馆员的追求与理想，运用各种手段，通过各种途径，有针对性地、逐步地调整馆员的个人目标，并努力将馆员的理想与高校图书馆的目标结合起来，实现高校图书馆和馆员的共同发展。

（3）外部因素激励法

外部因素激励法包括组织激励、制度激励和环境激励。

①组织激励。组织激励就是运用图书馆责任及权利对馆员进行激励，让馆员可以共同参与高校图书馆的管理与决策。高校图书馆在组织激励方面，要让馆员参与图书馆管理，这样更容易激励馆员提高学习、工作的积极性和主观能动性，促使馆员更好地实现工作目标，达到激励的目的。

②制度激励。高校图书馆的各项规章制度都为馆员提供了行为规范，提供了社会评价标准。馆员遵守规章制度的情况，与自我肯定、社会舆论等精神需要相联系，因此其激励作用是综合性的。例如，建立岗位聘任制，就是把竞争机制运用到人力资源的管理，对人力资源进行合理配置，把恰当的人安排到恰当的岗位上，使其才能得到最大程度的发挥。并且通过绩效考核和岗位责任考核，不断调整聘任岗位人员，使岗位聘任真正落到实处。

③环境激励。创造一个公平合理、关系和谐的学习、工作环境，可以对馆员产生激励作用。这些宏观环境可以保证图书馆馆员之间的公平性，提高图书馆员之间的亲和力。另外，良好的环境还可以形成一定的压力和规范，影响馆员的学习和工作情绪，形成一种自发的内在动力，从而达到激励的目的。

第三章

现代高校图书馆服务创新

第一节　现代高校图书馆服务创新的必要性

一、现代高校图书馆服务中存在的问题

我国高校图书馆服务传统线下借阅服务和网上咨询检索服务都在不断深入，在服务的内容和方式上也日趋完善，形成了相对稳定的服务结构，服务的广度和深度也都达到了一定的水平。一些条件好的重点院校，如清华大学、北京大学、上海交通大学、中国人民大学等的图书馆，在跟踪、采用先进技术，开展网上现代信息服务方面，已与国外发达国家高校图书馆水平接近或相当，有的还形成了自己的鲜明特色。但目前我国高校图书馆服务的现状仍不能令人满意。

（一）资源建设方面

1.资源重复建设现象严重，造成大量浪费

目前，我国各高校图书馆都在进行数字化建设，但绝大多数的高校图书馆的数字化建设都处于各自为政的局面，从而导致信息资源重复建设、配置的现象仍较严重。例如，许多高校图书馆购买的数据库、电子书刊基本限于在校园网内使用，校外读者甚至是利用别的公用网络的本校读者也无法使用这些资源。另外，由于各高校学科设置和建设重点的不同，导致各高校图书馆的藏书门类各有侧重，很少有各学科门类资料建设都很全面的图书馆，这样无疑与培养复合型人才的目标

是背道而驰的。而要想建设大而全且高水平的图书馆，资金是一大难题，而加强各高校图书馆之间的合作显然是明智之举。虽然我国高校图书馆的资源共建共享有了很大进展，但现状仍不尽如人意。各个高校馆都采取了很多数字资源提供服务，可以说是种类繁多，覆盖全面，但与此同时图书馆不可避免地存在着资源重复购置的现象。虽然图书馆的收藏和服务要力求"全"，但也不能因为此而过于"重复"。比如中国期刊网和维普中文期刊数据库两者之间就存在中文数据重复现象。而不少高校馆同时订购了这两个数据库，其他的一些电子资源仔细观察也不难发现，在学科涵盖范围等方面也有一定的交叉。

2. 特色资源少

特色资源少主要体现在高校图书馆自主建设的电子资源贫乏。尽管每个学校都有多种数据库，但大多是采用引进成型的数据库或是共建项目，只有较少一部分是自建的，除了有学位论文数据库、各种目录数据库、学科导航库等外，只有几所高校的图书馆提供其他特色自建数据库服务，如北京大学、清华大学、中国人民大学、华中科技大学、上海交通大学、吉林大学、四川大学等。而众多高校在自身图书馆的特色资源建设方面显然是不足的，有待挖掘和提高。

3. 资源质量问题

传统的印刷型文献资源很容易辨别真伪、拒收和剔除，在质量上较容易控制，但数量庞大的网络资源由于其自身发布有很大的随意性，容易出现大量的垃圾信息，这给图书馆开发利用网络资源带来了很大难度。

4. 资源合理配置存在问题，服务针对性不强

高校图书馆主要是为教学科研服务，服务的对象主要是教师和学生。虽然各高校馆根据本校的学科体系提供资源服务，但由于图书馆工作人员的学科结构单一，又缺乏和教师、学生的沟通，所以必然会出现所提供的信息资源并非是用户需要的情况，造成大量资源的浪费。

（二）深层次服务方面

1. 咨询服务水平不高

一些重点高校图书馆开展了基于网络的数字参考咨询服务，也达到了一定的水平，但有相当一部分地方高校图书馆的参考咨询服务开展得并不理想，存在服务功能不全、服务手段不先进等问题。咨询服务目前最常用的手段是电子邮件咨

询、电话咨询、表单咨询、FAQ、留言簿等，还处在数字化信息咨询服务的初级阶段，而且这几种方式在各个学校间开展得也不均衡，只有少数高校开展了实时咨询和信息推送服务。这显然不能够满足网络发展和资源激增情况下用户对信息的个性化、及时性的需求。

2. 对于知识的深层次挖掘不够

图书馆员向来以善于组织和整理资源著称，怎样把大量的网络信息资源进行有效的整理和分析，为用户提供深层次的知识导航服务和个性化的信息推送服务是当前高校图书馆面临的一个新的课题。尤其是针对本校重点学科的导航系统，国内高校图书馆在这方面还有很长的路要走。

3. 用户教育工作开展的力度不够

随着数字化时代的到来，高校图书馆通过网络向用户提供越来越丰富的数字资源。怎样使用户准确地获取他们想要得到的资源，培养用户获取信息的能力是高校图书馆在新形势下面临的新的课题。目前国内很多高校图书馆的用户教育工作都处于比较被动的情况，缺乏和用户的沟通，只注重购买各类电子资源，而对于培训用户利用这些资源和对这些资源的宣传缺乏足够的意识。除了继续开展传统方式的教育方式外，包括导读、授课、讲座等，高校图书馆应充分利用数字环境带来的便利，开展用户教育的新方式。比如开发各种课件、开设网络课堂等。

二、高校图书馆本身存在的问题

（一）观念落后

"读者第一"的服务思想没有真正落实，由于目前很多高校图书馆的管理体制依旧是基于传统的"大锅饭"形式，所以部分馆员缺乏事业心，缺乏创新精神和竞争意识，缺乏主动服务的意识。基础的用户服务依旧没有很大的改观，更不用说深层次服务了。

（二）自动化建设水平不高

要开展信息服务，高校图书馆必须具备一定的计算机软硬件系统以及网络环境。然而，由于在资金投入方面同重点院校图书馆存在很大差距，许多地方高校图书馆的计算机硬件系统配置不佳，自动化、网络化和数字化程度不高，网络系统的带宽、速度等也不够理想，这些都对用户查询、检索信息资源存在一定的影响。

（三）馆员整体素质有待提高

近些年来，虽然高校图书馆馆员的素质有了进一步的提高，也相继引进了一批高学历的人才，但馆员的整体素质距离开展高层次信息服务的要求还有很大差距。数字环境下高校图书馆的馆员除了要具备一定的专业知识外，还要掌握一定的计算机知识和网络知识，以及一定的外语知识。高水平的服务需要高素质的复合型人才，然而目前高校图书馆由于多方面的原因普遍缺乏这种复合型人才，使服务水平很难提高，无法满足用户多方面的信息需求。所以，新形势下高校图书馆馆员的素质有待进一步的提高。

综上所述，目前高校图书馆所存在的这些问题已严重影响其业务的开展、服务的质量，已成为高校图书馆可持续发展较大的阻力。因此，必须采取一些有效的改革措施，创新思路，逐步排除这些阻力，才能保障高校图书馆事业的健康、稳步发展。

第二节　现代高校图书馆服务创新的理论基础

一、现代高校图书服务创新的理论基础

著名的图书馆学家阮冈纳赞于 1931 年提出了图书馆学五定律，其主要内容包括：书是为了用的；每个读者有其书；每本书有其读者；节省读者的时间；图书馆是一个生长的有机体。这五条定律的提出彻底改变了传统图书馆以"收藏"为主的服务观念，强调了图书馆服务的重要性。首先，第一定律"书是为了用的"，改变了传统图书馆以收藏为主要使命的观念，确立了以利用为根本的服务宗旨。第二定律"每个读者有其书"，是要求图书馆为每一个读者提供图书，强调服务对象。第三定律"每本书有其读者"，要求图书馆的藏书发挥作用，强调服务的针对性。第二、三定律从根本上确立了图书馆服务从书本位到人本位的基本思想认识，可用"为人找书"和"为书找人"这两个短语十分简练地概括这两个定律。第四定律"节省读者的时间"，强调图书馆服务的效率和效益，图书馆服务的直

接作用就是节约读者的时间。第五定律"图书馆是一个生长的有机体"，概括了图书馆的发展观，馆藏在增长，需求也在变化，因而图书馆的服务也需要不断创新和发展。可见，五定律既是图书馆服务的基本原理，也是图书馆服务的指导原则。

1995年，美国著名的图书馆学家迈克尔戈曼在阮冈纳赞五定律的基础上，又提出了图书馆学的新五定律。第一定律"图书馆服务于人类文化素质"；第二定律"掌握各种知识传播方式"；第三定律"明智地采用科学技术，提高服务质量"；第四定律"确保知识的自由存取"；第五定律"尊重过去，开创未来"。可以看出，新五律的提出有其鲜明的时代特征，更适用于图书馆目前所处的信息环境。新五律强调的仍然是图书馆的"服务"功能，并将其提升到了现代化服务这一高度。新老五定律的提出给现代高校图书的服务创新提供了理论基础，说明了图书馆的最终目的是为用户提供有效的服务，"服务"是图书馆一切工作的出发点，是图书馆工作者要坚持的核心工作理念。

南开大学的柯平教授将新老五定律的服务精神进行了提炼，结合信息时代高校图书馆服务的发展要求，提出了建立图书馆服务的新五定律。第一定律"全心全意为每一个读者或用户服务"；第二定律"服务是效率、质量与效用的统一"；第三定律"提高读者或用户的素养"；第四定律"努力保障知识与信息的自由存取"；第五定律"传承人类文化"。其中第一定律依然强调的是图书馆的服务本质，从思想上树立"以读者为中心"的服务理念。第二定律强调了服务过程中要注意的原则，即要在最短时间内为读者提供保质保量的信息资源，节省读者的时间，并保证所提供的资源得到充分利用，"效率""质量""效用"三者缺一不可。第三条定律强调了现代图书馆的教育职能，即通过培训提高读者或用户的信息获取能力和信息素养，读者通过图书馆的服务提高了自身的信息素养，也充分体现了高校图书馆"服务育人"的精神。第四定律强调的是图书馆在目前法律环境尚未成熟的条件下，通过采取各种有效的措施，努力保证各种知识与信息能够被读者自由使用，是图书馆服务的理想境界。第五定律是图书馆服务的深远意义，有了图书馆服务，知识和信息得以传播，知识信息可转化为生产力和财富，劳动者素质得到全面提高，进而促进生产力和社会的进步，从长远来说促进人类文化的发展。

从以上对新老五定律的论述可以得出以下结论：无论图书馆如何发展，发展到什么程度，服务是其不变的宗旨。只不过随着时代的发展，面对数字化、网络化的环境，图书馆应该在服务模式、服务内容、服务手段等方面进行不断的创新，才能不断满足读者的需求。新老五定律对图书馆的服务创新活动具有很好的现实指导意义。

二、现代服务创新的相关理论

从广义上讲，服务创新是指一切与服务相关或针对服务的创新行为与活动；从狭义上讲，服务创新就是指发生在服务业中的创新行为与活动。由此可见，服务创新的概念相当宽泛，即服务创新活动不只局限于服务业本身，同样存在于其他产业和部门。服务创新发生的范畴可分为三个层次：服务业；制造业；非营利性的公共部门。由于服务在本质上是一个过程，具有无形性、易逝性和不可储存性等特点，因此服务创新也具有不同于技术创新的独特特征。

（一）无形性

技术创新是一种有形的活动，结果也是一种有形产品，而服务创新则是一个无形的过程，其结果也是一种无形的概念、过程和标准，比如一种新的服务方式，新的服务理念。

（二）多样性

服务创新中不仅包括技术创新，非技术创新也是一个更为重要的因素。服务创新的类型不仅包括产品创新、过程创新、市场创新和组织创新，还包括专门创新、传递创新、形式化创新和社会创新等形式。

（三）用户导向性

相对于技术创新的技术导向性，服务创新则更多地以用户的需求为导向，通过对用户需求的研究，能更好地推动服务创新，用户不仅推动服务创新活动，而且还积极地参与到创新过程中来。

（四）交互性

服务创新的交互性体现在两个方面。一是与用户的交互，即以用户需求为导向，在与用户的互相沟通中进行创新活动，而用户的思想是创新的重要来源。二是组织内部的交互作用，包括领导与员工、员工与员工之间进行的交互作用，即相互学习、交流，把员工头脑中的隐性知识转化为显性知识，达到知识共享的效果，以更好地推动创新活动的进行。组织内部这种相互交互作用尤为重要，质量的好坏也直接影响到创新的效果。

（三）渐进性

服务创新的过程实际上就是在原有服务的基础上进行提高的过程，过程是渐进性的，较少有根本性的创新。服务创新也不是一蹴而就的，需要图书馆工作者的不断努力和实践，是需要坚持的长期性的工作。

第三节　现代高校图书馆服务模式的创新

一、高校图书馆学科知识服务模式

（一）　高校图书馆学科知识服务模式的概述

1.高校图书馆知识服务

目前，各领域对知识服务的研究仍处于初级阶段，对知识服务概念的界定还众说不一。所提出的概念在以下三个方面基本达成共识：第一，知识服务要以信息和知识的获取、组织、整合、重组为基础；第二，知识服务要以解决具体而实际的问题为目标；第三，知识服务追求对问题解答的价值效益。不同领域的知识服务的适用范畴不同，知识服务概念的界定要与相关领域的服务主体和客体的范畴相适应。

由此，高校图书馆知识服务可以定义为：以馆员的图书馆学和情报学专业知识为基础，针对图书馆用户在知识获取、知识选择、知识吸收、知识利用、知识创新的过程中的信息与知识需求，对相关信息、知识进行搜寻、组织、分析、重组为用户提供所需知识的服务。其中在高校图书馆知识服务中需要设立学科馆员制度，学科馆员制度是高校图书馆根据馆员的专业知识背景和实际能力，指定馆员与对口院系建立密切联系，主动为对口院系开展全方位信息服务的一种服务模式。这种服务模式有助于图书馆更好地融入学校的教学和科研活动中，加速信息资源的传递与交流，促进学校教学科研活动的开展，有针对性地为教师和学生利用图书馆提供帮助，解除他们在利用文献资源过程中的疑虑和困难，为其项目研究提供深层次服务。

2. 高校图书馆学科知识服务

高校图书馆学科知识服务是指将知识服务与学科馆员制度相结合，按照学科专业领域组织人力和资源，提供专业化知识服务的一种服务方式。根据知识服务的定义，我们可以将高校图书馆学科知识服务的含义界定为：以学科馆员的专业知识和图书情报知识为基础，针对用户在知识获取、知识选择、知识吸收、知识利用、知识创新的过程中的需求，对相关学科专业知识进行搜寻、组织、分析、重组，为教师和学生提供所需专业知识的服务。

高校图书馆富有竞争力的服务必须与学校的学科建设密切相关。相同学科研究领域的科研与教学人员，他们的科研环境、知识结构、心理特征、研究习惯、行为方式等都是相似的，对于学科知识与服务的共同需求是相对集中的。因此，"学科化"的知识服务模式能够发挥高校图书馆的优势。构建一个完善的、有效的高校图书馆学科知识服务模式是高校图书馆知识服务的重点，也是提升高校图书馆学科知识服务能力所亟待解决的问题。

（二）高校图书馆学科知识服务系统的构成

高校图书馆学科知识服务系统由学科知识服务用户、学科馆员、信息资源库、学科知识库、学科知识服务平台构成。

1. 学科知识服务用户

知识服务用户也可称作知识受众，是指通过知识媒介接受知识、获取知识的人或组织。高校图书馆的学科知识用户主要是指高校的教师和学生。在学科知识服务系统中，知识服务用户不仅仅是知识的接受者和知识产品的消费者，他们还是知识服务的促进者和激励者，并可能成为未来知识的创造者和知识产品的提供者。高校聚集了各学科领域的专家和学者，他们是知识创新的主力军，他们使高校成为知识创新最活跃的地带。学科知识用户的知识需求状况、利用水平、满意程度，乃至各种反馈意见、评价等对高校图书馆学科知识服务系统的建立和持续发展起着重要作用。

2. 学科馆员

在整个学科知识服务过程中，学科馆员处于核心地位。学科馆员参与学科知识服务的各个环节，既要具有专业的学科知识背景又要精通图书馆业务，通过学科化知识智能服务平台向用户提供集成的全面的知识服务。他们在某种程度上首先是知识的消费者，在理解问题的基础上，通过对相关学科专业知识（显性知识）的搜集和利用，形成含有自己的经验及思维成果的新的知识产品。学科馆员的角色从以往单纯的依托公共信息资源提供通用服务，转为全面介入资源建设、联合服务、用户培训、信息服务平台维护和参考咨询等整体工作流程。从单纯的知识提供者转变为信息资源的建设者、个性化和学科化服务提供者以及学科特色知识库建设者和推动者。学科馆员还将高校在特色学科方面的资源和服务进行有机地整合，形成馆院协调、灵活有序的工作模式，从而为教师和学生提供简便、高效、个性化、专业化的知识服务。

3. 信息资源库

信息资源库目前包括高校图书馆的馆藏资源库、各种信息检索系统以及网络资源等。信息资源库主要以文献、事实、数据等人类显性知识为表现的海量信息为内容，对信息资源库中海量信息进行组织管理的过程可称为信息管理。信息资源库可以按学科分类来组织管理信息资源。图书馆在信息管理方面的理论与实践已经相对成熟。信息资源库中的显性知识是学科知识服务的素材和基础。随着对知识组织、知识挖掘、知识发现、知识揭示、智能技术等各方面研究的不断深入，传统的信息资源库将向着包容隐性知识在内的知识库的方向转化。

4. 学科知识库

学科知识库是学科知识服务系统中重要的组成部分，也是知识服务有别于信息服务的重要特征之一。学科知识库中的知识包括学科馆员在解决知识服务用户提出的问题的过程中搜寻到的显性知识，也包括学科馆员运用自身的隐性知识以及利用从信息资源库中获取的显性知识所形成的，能够解决用户特定问题的新的知识产品或知识成果。这些知识被捕获、录入知识库，并经过加工、整理、评价、排序等程序构成知识库的主体，以便在合适的时机提供给新的用户或者进一步加工形成新的、更高层次的知识产品。学科知识库与其他知识库的不同之处在于其内容是严格按照学科分类进行组织的。高校还可根据自身的专业优势建立特色学科知识库。

5. 学科知识服务平台

学科知识服务平台是联系知识服务用户和学科馆员的媒介，是学科知识服务系统的外在表现形式，可以是两者得以联系的一个虚拟环境，也可以是一个服务系统的形式体现。学科知识服务用户通过知识服务平台享受服务，学科馆员通过知识服务平台向学科用户提供服务。学科知识服务系统的各个组成部分均在此平台上以醒目、有序、便捷的方式展现。学科知识服务平台的建立、维护和发展需要依靠先进的信息技术，对服务过程的各环节进行有效的组织和管理。

学科知识服务智能化平台，集成了学科知识门户、学科导航、RSS定制与推送、网络资源揭示、知识挖掘、定题知识服务等资源和工具，是一个需求驱动的学科化、智能化服务平台，支持学科馆员的学科需求分析、学科化知识化信息选择与集成、个性化服务设计与管理等工作。该平台建立在学科知识库、特色资源数据、虚拟学科大类分馆平台之上，与个人数字图书馆、个性化信息环境相连接，帮助学科馆员顺利深入到科研一线，及时跟踪用户需求，并将与需求对应的个性化服务嵌入到用户信息环境中，全面落实学科化、知识化、个性化、智能化的服务目标。

学科导航服务是对学科及相关学科知识进行归纳、组合、序化与优化，通过学科专业网站，全方位地对学科资源进行集成与揭示，以便用户了解该学科领域的资源全貌。学科馆员依托成熟的校园网络和丰富的虚拟馆藏资源，为重点学科建立专业资源学术信息导航网站，使重点学科的专家学者能够通过专业导航网站，方便快捷地利用网上丰富的信息资源，掌握学科前沿动态。

网络资源揭示的主要方式是建立学科导航系统。利用搜索引擎在网络上全面搜索，通过选择、评估找到有价值的网站，将收集到的相关网页下载、分类、标引，进行有效链接，并按照统一格式对网站进行客观的描述，给予公允的评价，形成便于浏览与检索的学科导航库。

学科知识挖掘服务是面向内容知识服务的一种主要形式。它是通过对资讯进行定性、定量处理以挖掘隐含其中的知识内容的一种服务。其特点主要是进行知识创新，发现未知的知识间的关联。这种深层次的学科知识服务更多地依赖人工智能技术的成熟与发展，支持这一过程的核心技术是特征提取、分类、聚类和关联规则发现、知识评价等。学科馆员在对用户需求分析的基础上，进行知识采集、知识过滤与挖掘、知识提供，通过用户满意度评估来评价整个知识服务过程。

定题知识服务主要指学科馆员针对用户的研究课题或学科重点知识需求，自动提供针对性极强的学科专业化定制服务。高校大多承担着国家或地方的科研项目，学科馆员要主动与承担科研项目的学科用户联系、沟通，深入了解课题立项的背景、项目要求与内容、经费及其他情况，设计定题服务方案，制订检索策略，建立定题服务数据库，通过推送服务不断为该学科科研项目提供动态、新颖的专题信息知识以及与课题相关的文献资源、该课题的最新研究成果、网络资源信息等，做到从学科课题立项到科研成果鉴定全过程的定题跟踪服务。通过定题知识服务，提高知识服务对用户需求的支持力度。

RSS（Really Simple Syndication）是基于 XML 技术的互联网内容发布和集成技术。RSS 服务能直接将最新的信息即时主动推送到用户桌面，使用户不必直接访问网站就能得到更新的内容。用户定制 RSS 后，只要通过 RSS 阅读器，就可看到即时更新的内容。

学科知识服务智能化平台集成各种技术与资源，为用户提供全方位、个性化、智能化的学科知识服务。

（三）高校图书馆学科知识服务模式的构建

1.知识服务用户的提问

知识服务用户可通过三种途径来获取信息和知识，解答自己的问题：①学科知识服务用户即高校的师生可直接在信息资源库中检索自己所需的信息；②学科知识服务用户直接在学科知识库中检索自己所需的信息和知识；③学科知识服务用户与学科馆员交流，阐述自己的问题，并期望学科馆员提供解决该问题的知识或知识产品。如果用户采取第三种途径，其问题的解决过程就是一个完整的知识服务过程。

2.学科馆员明确用户提问，确定用户需求

高校图书馆通过学科知识服务平台受理用户提问，根据问题的性质、所属的学科范畴，将用户推荐给相关学科的学科馆员，或将提问转交相应的学科馆员。学科馆员通过与知识用户的交流，明确用户的提问，分析用户的真实需求，或更深层次地挖掘用户的潜在需求。这种学科馆员与知识用户沟通、交流的方式，弥补了计算机系统只能针对表达清晰的用户需求展开服务的不足。学科馆员可以对用户未能表达的、潜在的或表达不清的需求展开尝试性、探索性的服务，以引导知识用户明确认识并确切表达自身的需求。学科馆员与用户间的有效交流是制定知识服务策略和选择知识服务工具的基础和前提。

3. 学科馆员分析用户提问，制定服务策略并选择服务工具，提供知识服务

学科馆员在明确用户需求的基础上，对用户需求进行分析，确定服务策略并选择服务工具。学科馆员可依据具体问题来确定是利用自己或合作者的知识储备直接解决问题，还是从知识库中查询已有知识，或是选择合适的信息资源获取相关信息，经选择、分析、整理、升华之后，形成新的知识产品提供给用户。

高校图书馆在接受有关大型科研项目的检索提问时，需要成立专门的知识服务小组，小组中的学科馆员共同分析问题，制定服务策略，选取合适的服务工具，为科研项目提供信息、知识保障。学科馆员根据用户层次、用户需求的不同，可提供以下几种知识服务：①密切联系对口学科和院系，面向学科领域、研究主题及个性化需求进行学科资源建设；②学科信息检索代理服务，图书馆学科资源的发布、宣传、利用指导服务；③学术信息交流组织与管理服务；④学科知识服务用户信息素养及信息获取能力培养服务。

4. 知识服务用户的意见反馈

知识用户获得学科馆员提供的知识后，需要对知识服务进行意见反馈。如果满意，本次服务告一段落；如果不满意，学科馆员还需要重新进行询问、交流与服务的过程。用户意见反馈是对学科知识服务质量的评价指标之一。学科知识服务系统的建立、运行和日渐完善，离不开服务对象的反馈，也离不开对服务结果的评论、分析以及在此基础上的调整、修饰和重构。

5. 学科知识库的管理

对知识服务用户来说，得到了满意的答案就意味着知识服务的结束，但对于整个学科知识服务系统来说，还有一个重要的环节就是对服务产生的知识记录加以积累、整序，按学科门类组织形成知识库。随着学科知识服务对象的增加、范围的扩大、学科的细化、内容的深化以及方法的变换，学科知识库中的内容也会不断增加、更新、完善和优化，这些工作就是对学科知识库的组织和管理。对学科知识库的组织与管理要重视知识组织以及知识管理思想与方法的运用。不仅要重视各学科的显性知识、提问结果和最终形成的知识产品的记录，也要注重与检索结果密切相关的一些隐性知识内容的记录。

学科知识服务是高校图书馆较具优势的一种新型服务模式。它以学科为基础，采用先进的信息技术和网络技术，为高校图书馆用户提供深层次、知识化、专业化、个性化的集成服务，能够适应科技自主创新的要求，最大程度地满足高校师生的个性化信息与知识需求。因此，学科知识服务必将成为未来高校图书馆知识服务发展的主流。

二、高校图书馆信息共享空间服务模式

随着计算机技术、多媒体技术、网络技术、现代通信技术的发展，人们的学习方式和接受信息的方式发生了重大变化，学习环境更多的是强调协作性和共享性。在这种环境的要求下，高校图书馆以"用户为中心"的信息服务模式即基于用户的信息需求、以满足用户信息需求为目标的信息服务工作模式应运而生。20世纪90年代初，美国高校图书馆界为了满足高校这种研究和学习的需求，发展了一种新型服务模式"信息共享空间"。最初的信息共享空间，只是一个供学生写论文和编程的电脑学习室。经过10多年的发展，现在信息共享空间已经发展成为一个可以为用户提供各种信息集成服务的场所，成为美国高校图书馆备受用户欢迎的主流服务模式，其发展为构建我国高校图书馆的信息共享空间，在理论与实践方面提供了相应的指导。

（一）信息共享空间的模式和原则

1. 信息共享空间的模式

尽管信息共享空间已经成为美国高校图书馆的主流服务模式，但对于信息共享空间模式的研究，学者和专家各有自己的观点，其中代表性较强的有两层次模式和三层次模式。

（1）Donald Beagle 的两层次模式

美国北卡罗莱纳州大学的 Donald Beagle 是两层次模式的主要倡导者，他在自身实践的基础上，于1999年提出了"Information Commons"这一概念，认为信息共享空间是以数字化信息资源环境为背景、为信息供需双方特别设计的一个协同工作空间，它可以使用户与馆员、用户与用户之间进行显性和隐性知识的交流，通过对组织、技术、资源和服务进行有效整合，实现用户的信息交流。他将信息共享空间划分为虚拟空间和物理空间。

虚拟空间（virtual space），主要是指数字资源的网络环境，使用户通过友好的图形用户界面（GUI），利用搜索引擎从各个工作站点获取数字信息服务，服务的内容不仅包括本馆的馆藏书目信息，更多的是各种数字信息资源。

物理空间（physical space），通过对馆内的工作场所及提供的各种服务进行组织，为虚拟的数字资源环境提供物理空间上的支持。

（2）Bailey 和 Tiermney 的三层次模式

Bailey 和 Tierney 认为信息共享空间由宏观、微观和综合三个层次构成。宏观信息共享空间（macro-commons）是指对全世界的信息，特别是网络信息资源建立起来的共享空间，这是一种广义的概念。微观信息共享空间（micro-commons）是指一个拥有计算机或数字技术，以及各种外围设备、软件支持和网络基础设施高度集中的场所。

综合信息共享空间（integrated commons）能够集成各种数字信息资源，为研究、教学和学习提供相应的信息空间。

此外，Jim Duncan 和 Larry Woods 也提出了三层次的概念，即将信息共享空间分为物理层、逻辑层和内容层三个层次，并分析了不同层次上存在的应用壁垒。如对上网计算机的管理、为各种软件设置许可协议和序列号以及对数据库的访问采用 IP 地址限制，对图片等多媒体加入 DRM 控制等均妨碍了信息的自由流动和共享。

尽管学者和专家提出的模式不尽相同，但基本的思想是一致的，即信息共享空间是为用户提供一站式服务和协作学习环境的场所，它整合了图书馆中各种软、硬件资源，数字信息资源以及图书馆人员，为用户提供了一个可以进行信息检索，并能进行交流、学习和协作的空间。

2.信息共享空间的基本原则

（1）需求动态性

随着用户信息意识的增强，用户的需求呈现动态多元化发展趋势。首先，获取信息途径多元化，用户除自己查找、借阅，更多的是依赖馆员的主动传递；其次，由于学科的交叉渗透及边缘学科的兴起，用户信息需求内容多元化，服务知识化。这就要求信息共享空间能够及时对用户的信息需求作出反应，采用先进的信息服务技术来满足用户的动态需求。

（2）服务集成性

信息共享空间是图书馆中研究、教学、学习和消遣的场所，应该为用户提供集参考咨询、多媒体服务、研究型服务和技术服务于一体的集成信息服务。用户通过集成服务机制"一站式"地获取所需信息，并以最小的代价在最短的时间内获得所需信息。

（3）知识共享性

信息共享空间能够满足用户的个性化信息需求，为用户提供了能够协作和自由交换信息的共享平台，这在传统图书馆服务中是不存在的。在这样一个协同工作的空间中，用户可以通过直接与用户、工作人员、技术专家进行交流获取信息，也可以利用信息共享空间中配备的各种信息设备，获取网络信息资源。它是用户获取知识、共享知识以及进行知识创新的重要场所。

（二）信息共享空间的构建

1. 信息共享空间的战略规划

信息共享空间提供的信息服务模式，应该是各部门之间以整体优化的方式来提供的服务功能。因此，在战略规划上要强调各部门之间在功能上的协作，减少组织管理层次，使组织机构体系逐步呈扁平的网状管理结构，以促进部门之间的沟通和协作，使高校图书馆的管理工作更加高效化。

信息共享空间的信息服务充分考虑了用户的需求特点，以分布式多样化数字信息资源的整合为出发点，从而充分体现了高校图书馆的服务特征。在 Donald Beagle 提出的战略协作的基础上，Russell Bailey 等人进行了修改，提出了功能集成图（图 3-1），可以作为高校图书馆构建信息共享空间的战略规划参考。

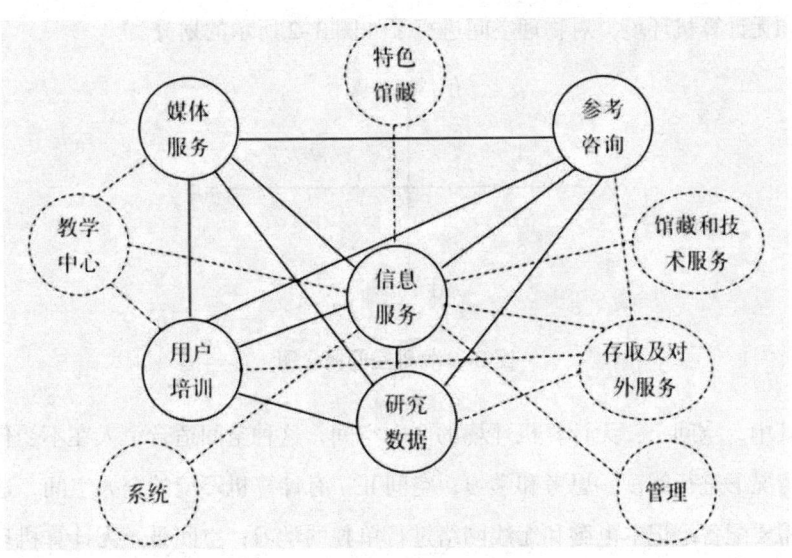

图 3-1 功能集成图

在这个功能集成图中，圆圈代表的是图书馆提供的各种服务功能，比较重要的服务则用实线圆圈来表示，而实线连接表示的是功能部门之间存在直接的关系，虚线连接表示的是功能部门之间存在间接的关系。在功能集成图中，处于功能中心的是信息服务台，它是用户在使用信息共享空间之前所需要的首要服务中心，它通过电话、E-mail、网络等向用户提供关于图书馆的各种资源和服务的基本信息，以及解决用户的各种咨询问题。信息服务台的工作人员的配备，既需要有图书馆员，也需要有学科专家和技术专家的协作。

2. 信息共享空间的构建要素

（1）物理空间

对于信息共享空间首要的就是为用户提供一个舒适的学习和交流的物理空间。空间的构建可以是多媒体的电子教室、供小组交流的讨论室、提高研究水平的咨询区、进行独立创作的单独研究室等等。在卡尔加里（Calgary）大学的图书馆中，就设有一个大的教学区和 10 个大小不等的合作学习研究室，为教师的教学和学生的协作式学习提供便利的条件。由于每个人都有自己的学习方式和习惯，因此在构建物理空间时，要充分考虑到每个用户的需求。美国得克萨斯州立大学（TCU）图书馆的 Koelker 根据用户的不同需求，通过区分个人与集体，有计算机环境和无计算机环境，对物理空间进行了如图 3-2 所示的划分。

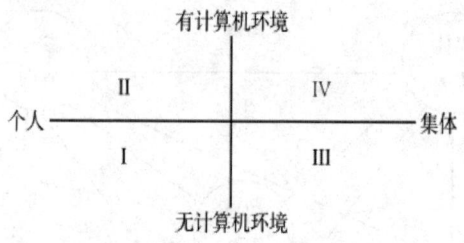

图 3-2 物理空间概念图

其中，空间Ⅰ：无计算机环境的个人空间，这种空间适合个人在不受任何打扰的情况下进行阅读、思考和学习；空间Ⅱ：有计算机环境的个人空间，适合于个人需要配备笔记本电脑和无线网络进行单独的学习；空间Ⅲ：无计算机环境的集体空间，集体成员可以进行面对面的讨论、交流；空间Ⅳ：有计算机环境的集体空间，集体成员可以通过计算机进行交流。在这四种类型的空间中，空间Ⅳ可以说是信息共享空间中最重要的一类，它可以为更多的用户提供一个协作的工作或学习环境。

（2）资源

信息共享空间是整合信息资源、各种软硬件设施于一体的综合性服务模式。除了提供传统的馆藏资源，如印刷型图书、资料和工具书外，信息共享空间必须具备丰富的电子资源，如电子期刊、电子图书、专业数据库、多媒体文件以及网络等信息资源。

硬件方面，不仅要有计算机、通讯设备（有线连接和无线连接），同时要提供复印机、打印机、扫描仪、摄像机、投影仪等外围设备。硬件设施还包括在物理空间中配置的各种舒适的桌椅、沙发等家具设施和宽敞的休息室。软件方面，要求具备获取电子资源的软件，同时也要提供各种办公软件和多媒体播放软件。信息共享空间的工作人员必须不断地更新各种电子资源，根据用户实际需求增设各种软、硬件设施，这样才能保证信息共享空间成为知识管理及提高用户信息素养的一个重要场所。

（3）服务

在数字化环境下，要求信息共享空间提供的服务是集传统的图书馆服务与数字信息服务于一体的集成服务。通过对信息技术、信息资源、服务功能、服务人员、服务机构等各种信息服务要素进行整合，实现整体功能的优化，使用户得到动态的、全方位、多层次、多元化的信息服务，用户只需要在信息服务台就能够获取一站式的信息服务。

服务功能主要包括：文献借阅传递服务、信息检索服务、数字参考咨询服务、信息发布推送服务、知识导航服务、馆际互借、实时咨询和用户教育培训服务。具体到不同的服务，又可以进行多元分化，如：信息检索服务可以分成光盘检索、联机检索、数据库检索、OPAC检索和智能代理检索；知识导航服务可以具体为分类导航、学科导航、主题导航和资源类型导航；用户的教育培训，可以是检索培训、图书馆利用培训和信息素养培训。

同时，要加强与国内外公共、高校及科研院所图书馆的合作，在联合采购、联合编目、馆际互借、公共检索、资源导航、合作咨询、联合培训等方面充分共享资源的方式，来提升高校图书馆的综合服务能力。

（4）人员

信息共享空间在空间、资源和服务上的实现，需要相应的信息共享空间工作人员的支持。因此，人员也成为信息共享空间的构建要素。

信息共享空间人员的构成主要包括：①参考咨询馆员，负责资源使用方面的参考咨询；②信息技术专家，负责计算机软、硬件和网络技术的支持；③多媒体工作者，为教师开发多媒体教学软件，并能指导学生进行多媒体的制作；④指导教师，利用各种资源进行教学和研究，并能对学生进行一对一的指导。

信息共享空间这一服务模式，对人员素质的要求较高，不仅要求工作人员具有与自己的服务相关的技能和技术，还要具备很强的学习能力、领悟能力和实践能力，要能随着信息技术的发展和用户的需求，不断更新自己的知识结构，提高服务水平。因此，图书馆要对工作人员进行定期培训，不断提高他们的综合素质。

3.信息共享空间的效果评价

构建信息共享空间之后，最重要的步骤就是对这一服务进行评价，建立起以用户为中心的信息共享空间服务质量评价体系，保障信息共享空间的有效运行。评价内容具体应综合考虑信息共享空间的四个构建要素：物理空间、资源、服务和人员。

具体方式可以是向用户发放反馈表格，进行网上调查，或是两种方式结合，正确地了解、分析和评价用户对服务质量的感受和要求；也可以采取收集人员培训结果和信息共享空间工作人员在实际工作中的切身体会等方式。根据评价结果，可以发现服务中存在的不足，不断改善服务设施，改进工作方法，提高服务质量，从而更好地满足用户的需求。

（三）高校图书馆构建信息共享空间的策略

1.融入信息共享空间的理念

信息共享空间为独立学习、团队讨论和集体研究提供信息和场所，通过激发用户的灵感，达到知识创造的目的。在图书馆的建设与管理过程中，应融入信息共享空间的理念，为广大用户提供信息共享空间已成为图书馆发展的潮流。

2.制定信息共享空间的规划

信息共享空间规划对建立图书馆信息共享空间具有重要的指导意义。由于我国起步比较晚，与国外相比缺乏理论指导。因此，制定规划时，应在结合自身具备的一些软、硬件基础上，根据自己的馆情和用户利用图书馆的行为特点，借鉴国外信息共享空间的实践，以制定出满足本馆用户需求的战略规划。

3.构建合理的信息共享空间服务体系

对信息共享空间的四个构建要素要综合进行考虑，无论是物理空间，还是资源、服务，以及人员的设置，都要合理地分配，针对不同的用户，设置规模大小不同的物理空间，同时也针对用户的需求提供多元化服务的一个交流场所，真正实现虚拟空间和物理空间的结合。

新的学习环境和技术条件下，用户对高校图书馆的服务内容和服务能力有了更高的要求，高校图书馆只有不断地开拓新的服务模式，才能更好地适应时代的发展。作为面向用户的信息服务模式，信息共享空间是对高校图书馆服务模式的一种创新，同时也为高校图书馆的发展提供了良机。在实际工作中，不同的图书馆可以根据自身的硬件设备、数字资源、服务及管理机制，人员素质和知识结构等，灵活地进行集成，最大限度地满足用户需求，推动信息共享空间的发展。

三、高校图书馆"重点读者"服务模式

个性化服务是指在数字信息环境下，图书馆利用网络和信息技术，获取并分

析用户的信息使用习惯、偏好、背景和要求，从而为用户提供充分满足其个体信息需要的一种集成性信息服务，包括时空、形式和内容3个个性化服务方面。"重点读者"是指图书馆根据学校总体发展要求，依据高校教学、科研和生产的三大基本功能界定出读者的范围、对象、结构和梯队，亦即这三方面的学科带头人、拔尖人才和专家学者。个性化服务"重点读者"就是及时跟踪和分析其对文献需求的内容和范围、数量和质量，利用丰富的信息资源优势，通过多种途径收集信息，并对这些信息进行判断分析和加工整理，然后及时传递给重点读者，建立以重点读者为对象的集文献信息咨询、检索、供应等多种服务形式于一体的文献信息主动服务模式。在服务工作中，从确定读者的主体地位着手，变静态为动态，变单向被动服务为双向交流主动参与服务。

（一）个性化服务"重点读者"的做法

1. 确立条件，选定对象

根据高校图书馆的具体情况，拟定重点读者的条件：①承担学校重点学科、重点专业、重点实验室和精品课程建设的人员；②取得省部级科研成果并继续承担省部级以上重要科研课题的人员；③具有博士学位或取得硕士以上导师资格的人员；④有突出贡献的中青年专家和拔尖人才。图书馆主动到教务处、科研处、人事处调查了解重点学科及精品课程授课人、重点课题主持人、硕士以上导师等的有关情况后，向他们发放重点读者服务表，征得本人同意并填表后，他们就成为了"重点读者"服务对象。图书馆为其建立档案数据库，每人发放一张电子服务卡，对"重点读者"学科、专业、课题名称、研究方向、文献资料的需求情况，姓名、职称、单位、住址、联系电话、E-mail等进行登记，以方便服务。图书馆还随时挑选新的符合条件的重点读者，及时将那些年轻有为的读者纳入，同时也剔除落伍者，实行"重点读者"动态管理。

2. 项目管理，定向服务

确立"重点读者"服务项目卡。首先，向建档的"重点读者"发放"绿色"借阅证，凡持有"绿色"借书证者。图书馆所有服务部门都要为其开"绿灯"，允许他们自由出入馆内所有主、辅书库和样书、报刊、阅览室等，可借阅所有纸质型和电子型文献，借书册数由原来每人10册增加到30册，借书期限由原来的3个月延长到6个月并可根据需要继续顺延；其次，采编部门可依据自身工作规律对"重点读者"采取特殊的"时间差"服务，即编目人员根据自己的工作情况在分编与入库的"时间差"期间，向"重点读者"推荐和提供短期借阅新书；再次与"重点读者"保持密切联系，随时掌握和了解他们在学科建设、课题立项和专业研究方面的进展情况，特别是阶段性的文献需求，便可以根据实际需要，有选择、准确、及时地为他们提供定向服务，使有效信息不失时机地实现其广、快、精、准、新价值，促使"重点读者"顺利、保质保量地完成所承担的教学、科研和生产任务。

3. 信息资源，共建共享

充分利用现有馆藏，不断充实、强化和完善与"重点读者"需求相关的文献资料的收藏。"重点读者"长期处于教学、科研、生产第一线，并经常参加一些学术性会议，对本专业本学科发展的前沿学术动态了如指掌。他们所需文献不仅面广，而且内容专深、形式多样。因此图书馆在文献采购上，一方面要将书刊预订书目及时送交"重点读者"，由他们推荐、圈定所需的文献资料，以提高采购质量；另一方面让"重点读者"向图书馆提供所需文献目录，划拨给他们一定的采购资金，依据自身需要代购自用，使用完后作为馆藏入库。在文献经费上给予"重点读者"倾斜，通过多种渠道保证文献采购能做到采齐、采全。在文献档次上定位于研究级藏书水平，国内外权威性的专业论著和期刊，学科发展过程中各个阶段有影响的论著和刊物。"重点读者"所关注的学科前沿的论著和论文，应做到优先采购；同时还注意文献信息产品的多载体化，除纸质型文献外，引进光盘文献、全文期刊和学位论文数据库等，为"重点读者"提供有力的信息资源保障。通过上述形式既体现了尊重"重点读者"之意见，又体现了与"重点读者"和谐善待，真正实现了信息资源的共建共享。

（二）个性化服务"重点读者"的途径

1. 主动跟踪，参与服务

主动跟踪，积极参与是个性化服务"重点读者"的重要方式。以临沂大学为例，现有重点学科 10 个、重点实验室 8 个、重点课题 15 项。其中国家级课题"沂蒙山区资源开发和利用"是科研服务沂蒙经济的一个突出特点和优势，图书馆长期以来致力于本系列课题的服务，并先后有 8 位同志参与了该项目的定题跟踪服务，定期编印《研究参考》，累计提供专题资料 60 余份，参考文献索引 2000 余条，应科研人员要求提供了数百份原始文献，还编写了相应的文摘，撰写了综述或研究报告。"沂蒙山区资源开发和利用"项目以沂蒙山区动植物资源、生态工程和旅游开发为主要内容进行了深入研究，并取得了令人鼓舞的成果。这些科研项目大多属于应用开发项目，通过成果转化取得了显著的经济效益，为沂蒙山区的经济发展做出了巨大贡献。科研成果之一的"蒙山景观旅游开发"，经课题研究论证并应用开发，修复了几十处自然景观，建成了百余处园林建筑，2004 年被国家旅游局批准为 AAA 旅游区，几年来，累计接待中外游客 1000 多万人次，门票收入上亿元，取得了显著的经济效益、社会效益和生态效益。科研成果之二的"沂蒙山区红色旅游"更显魅力无穷，中外游客络绎不绝。近年来图书馆先后有10 人参加了近 10 项国家社会科学基金、自然科学基金的项目研究专项服务，20余人参加了近 20 项省、市社科、自科等课题研究的专项服务，均受到"重点读者"的一致好评，也取得了良好的服务效果。

2. 馆际互借，中介服务

信息资源的网络化趋势，促进了馆际互借的迅速发展。由于"重点读者"的文献信息需求高校图书馆不可能完全满足。为此，十几所高校图书馆可以建立以专业为核心的"馆际互借"业务，为"重点读者"提供代查、代检、异地复制等服务。当"重点读者"需求时，就利用 E-mail 向高校图书馆馆际互借服务中心发出请求，告知所需的书刊或其他文献的题名、作者、主题和关键词，通过邮寄或电子邮件获取资料后，再通过 E-mail 发送或上门传递给"重点读者"。此项服务，不仅可以有效提高信息服务的效率，而且也可以充分彰显图书馆自身的价值和地位。

3. 电子邮件，推送服务

用电子邮件等方式主动将所需的文献信息推送给"重点读者"。如及时推送新到馆的中、外文献信息，定期提供专业核心期刊目录，定期收集提供反映国内外学科最新动态的专题书目资料，编印提供有关书目、索引等资料。开展"期刊目次和期刊全文传递服务"，让每个"重点读者"圈定最需要的 6 种专业期刊，新刊一到馆，就将目次发送至其电子邮箱内，若需要原文，可通过电话或 E-mail提出请求，工作人员马上将期刊原文通过 E-mail 传递或复印纸质递送；充分利用已有的数字资源作定向的信息推送服务，如利用"中国学术期刊全文数据库

（CJFD）""World SciNet 全文电子期刊""Springer Link 数据库""EBSCO host 数据库""万方数据资源"等，针对"重点读者"的文献信息需求，从这些数据库中获得有关的原文数据，通过 E-mail 推送或打印发送给"重点读者"。

4. 信息检索，代理服务

对"重点读者"来说，一方面他们的时间比较宝贵，另一方面虽然他们具有专业特长，但在信息检索方面往往不如图书馆专业人员使用检索工具和文献数据库那样得心应手，特别是在当前网络环境下，信息浩如烟海，"重点读者"想省时、省力获得称心如意的资料，往往需要借助图书馆专业人员的帮助，请其代理检索有关信息。高校图书馆可以利用资源优势、网络优势和检索技能，在世界四大重要检索系统 SCI、EI、ISTP、ISR 上，围绕"重点读者"需求，开展专题服务、定题服务、回溯检索、课题查新以及专利查新等检索服务。

5. 请求呼叫，专线服务

为"重点读者"建立了服务专线电话和服务专用 E-mail 信箱。一方面图书馆可以通过电话或 E-mail 直接向"重点读者"介绍与其学科建设、业务教学、课题研究相关的馆藏文献，特别是新到馆未分编的图书，可以优先提供其借阅，与他们约定送书上门的时间等；另一方面"重点读者"的信息需求，可以随时通过拨打服务专线电话或服务专用 E-mail 信箱传递给图书馆，图书馆在最短的时间内，利用馆藏和网络资源为"重点读者"查找，查找结果通过 E-mail 推送或派人亲自送到其家中。这种服务可以提高为"重点读者"知识服务的效率，充分发挥高校图书馆的服务职能。

6. 数据挖掘，定制服务

数据挖掘对"重点读者"显得尤为重要。数据挖掘也称知识发现，是从大量的内部数据库中获取人们感兴趣的知识，这些知识是隐含的、潜在的，是获取尚未被发现的知识、关联、趋势等信息，目的是帮助信息用户寻找数据间潜在的关系，发现被忽略的要素，而这些信息对预测趋势和决策行为是十分有用的。数据挖掘不仅能对过去的数据进行查询和遍历，并且能够对将来的趋势和行为进行预测，并自动探测以前未发现的模式，从而很好地支持"重点读者"的决策。知道用户需求什么是开展个性化服务"重点读者"的基本条件，而提供给用户高质量（内容上相关、知识含量高）的信息则是个性化信息服务的目的。数据挖掘对个性化信息服务的支持正体现在对用户需求信息和网络源信息的深层分析上。

开展个性化服务"重点读者"工作，以实际的服务效果来树立图书馆的良好形象，无论对学校改善办学条件，搞好教学、科研和生产，还是对图书馆馆员自身素质的挑战和历练，对图书馆事业面临的机遇和发展，都带来了巨大的生机和活力，使图书馆信息服务变被动为主动，变静态为动态，让高校图书馆个性化服务"重点读者"工作贯穿于整个教学、科研和生产的全过程。高校图书馆在现有条件下，坚持优先重点、兼顾一般、区别对待、协调发展的指导方针，是做好个性化服务"重点读者"工作的一种行之有效的方式，是一种服务模式的创新。

四、高校图书馆移动服务模式

1962 年著名的媒介理论家麦克卢汉提出"地球村"概念。在 50 多年之后的今天，互联网真正建立了一个虚拟地球村。运用云技术，我们可以不再依赖特定的图式和编码系统实现全球化的资源共享。特别是伴随着互联网正式进入移动互联、3G、4G、WLAN 等移动网络的普及，Web2.0、社交网络与智能手机等一系列技术的进步，共同掀起了信息资源的移动共享浪潮和 So Lo Mo 在高校图书馆移动服务中的应用。

（一）移动环境下高校图书馆用户信息需求

信息需求是个体遇到问题时的一种心理状态，是已经转化了的、具体的、可操作的请求。信息需求是信息行为产生的前提和基础，只有当其达到一定强度时，信息需求才会转化为信息动机以驱使其采取某种行为去实现自己的目标。信息服务就是针对用户的信息需求将开发好的、整理好的信息产品以方便的、准确的形式传递给用户的活动。

高校图书馆的信息服务已经从以图书馆系统为中心逐渐演变成以用户为中心的服务模式。诚然，高校图书馆的移动服务不仅仅包括虚拟平台上的服务，还涵盖物理空间意义上的服务，但是在移动互联网的时代背景下，高校图书馆移动服务的终极目的仍是移动信息服务。至此，高校图书馆开展个性化的移动服务的首要任务就是要了解其用户的信息需求。高校图书馆的用户主要由大学生和教师构成，因而其移动服务也要围绕这两个用户群开展。

1. 移动环境下大学生的信息需求

根据国家统计局的数据显示，2012 年我国普通高校生师比为 17 ： 52，因此大学生是高校图书馆用户的绝对主体，这些媒体口中的"90 后""00 后"大学生被研究者称为"Google 一代""Y 一代"。他们伴随着通信、计算机和网络成长，手机、电脑、网络已与他们的生活密不可分。移动网络对于大学生的影响是全球化的。据美国 PEW 研究中心的调查显示，2010 年美国本科生使用移动网络比例为 92%，而研究生为 88%；根据《大学生蓝皮书：中国大学生生活形态研究报告（2013）》显示，互联网成为大学生（本科生及硕士研究生）接触最频繁的媒体类型，总体比例为 97.1%，手机媒体接触的总比率为 88.3%。网络媒体作为大学生信息来源渠道的比例达 89.2%，手机媒体达到 73.2%。可见移动网络已成为大学生群体重要的接触媒体与信息来源。4G 与 WLAN 的普及与发展，已使得大学生越来越依赖手机进行每天的学习与生活，他们通过移动网络读新闻、收邮件、听音乐、看视频，通过手机登录微博、QQ、微信、LINE 等平台与他人进行信息沟通与交流，因此 5G 的实行与推广只会加深大学生对于移动网络的依赖程度。

智能手机与平板电脑的区别在日益弱化，移动环境下大学生的信息需求也有其新的特点。大学生的信息需求主要包括学业信息需求、就业发展信息需求以及休闲信息需求等。移动环境下大学生的信息需求是全天候的，他们需要随时随地获取信息，如大学生对图书馆文献或数据库的查询，借阅信息的查询，文献的预约、续借与挂失等。大学生通过移动网络对时效性信息的需求也很强烈，如图书馆的通知与公告、借阅信息提醒、自习座位实时状态、招聘信息、就业资讯等。移动环境除了能够帮助大学生明确信息需求，方便、快捷地主动获取所需信息，更有助于其对隐性的信息需求（即信息需要）进行挖掘。移动网络使得学生更乐于被动地接受信息，他们通过微博、微信等移动平台浏览推送信息，在这样的过程中隐性信息需求被转化为明确信息需求，促使其产生一系列信息行为。

2. 移动环境下高校教师的信息需求

在大学课堂上，高校教师不再单一地传授理论知识，更要将理论与实践相结合。与大学生群体更乐于被动地接收信息不同，传道授业解惑的高校教师的信息需求更偏向于主动获取，他们的信息需求主要包括对学科专业知识的需求、对实践技能的需求以及对时事信息的需求。

移动网络的发展与推广使得高校教师的信息需求同样具有全时性与即时性。

由于工作繁忙，教师更希望能够按需随时随地地获取信息，并且非常需要即时获取学科专业的最新动态与科研成果。为了使大学生的课堂更加和谐，高校教师也需要了解更多的时事要闻与新闻动态。

总之，高校图书馆通过移动服务才能真正实现用户任何时间、任何地点随时获取信息的愿望。用户通过高校图书馆的移动服务才能尽情享受移动互联网所带来的全新图书馆移动服务体验。

（二）高校图书馆移动服务模式的演变更替

1. 高校图书馆短信服务模式

短信是高校图书馆最早利用移动技术为读者提供服务的方式。短信服务模式对网络接入环境要求不高，不需太高的移动终端的软硬件配置，短信服务成本非常低廉，因此短信服务模式成为当前高校图书馆最为广泛的服务模式。但"门槛"低也就意味着短信服务只能承载少量的信息，无法承担大数据的工作。因而，目前我国高校图书馆的短信服务主要包括查询个人借阅信息、预约和续借、查询图书馆 OPAC 以及通过短信接收图书馆主动发布的各类信息等。

2. 高校图书馆 WAP 网络服务模式

WAP 即无线应用协议，是一种全球性的开放协议。WAP 使移动网络有了一个通行的标准，把目前互联网上 HTML 语言的信息转换成用 WML 描述的信息并显示在移动电话等手持设备上，因此 WAP 网站成为当今高校图书馆移动信息服务最主流的服务模式。借助 4G 的优点，高校图书馆能够充分揭示馆藏资源与服务并将 WAP 网站设计得更加友好与人性化。例如，通过 WAP 平台发布图书馆的各类公告、新闻动态、书刊推荐等；支持用户进行在线资源检索；为用户提供移动阅读等信息服务。

3. 高校图书馆客户端 APP 服务模式

客户端 APP 即客户端应用，就是可以在手机等移动终端上运行的软件。伴随 4G 的全面推广、Web2.0 的发展以及智能手机等移动终端的迅速增长，使得客户端 APP 应用软件成为移动网络发展的重点。客户端 APP 操作简单、内容丰富、功能强大，能够实现 WAP 方式不支持的功能，避免高校图书馆用户繁复的网址输入，能够带来前所未有的用户体验，因此，客户端 APP 服务模式成为当今最先进的一种高校图书馆移动信息服务模式。4G 等高速移动网络为高校图书馆客户端

APP 服务提供了生长所需的更肥沃的土壤，能够推动客户端 APP 服务向着更多类型、更多内容、更多功能等方向发展，但是目前我国高校图书馆的客户端 APP 服务模式还处在起步和摸索阶段，提供移动客户端 APP 服务的高校图书馆还不多，可提供的客户端资源也不够丰富。

4.高校图书馆微信公众平台服务模式

虽然客户端 APP 优点很多，但其研发的工作量和投入经费都非常巨大，还需要针对不同的移动终端操作系统如 IOS、Android 等进行开发，使得许多经费有限的高校图书馆都望而却步。微信公众平台的出现成为高校图书馆开展移动信息服务的一个新选择。

微信是 APP 软件的一种，但它不是图书馆自主研发的 APP，而是腾讯公司自 2011 年推出的一种免费即时手机通信软件，微信公众平台是在微信基础上推出的新功能模块，是一个开放的平台，个人和企业可以通过微信公众平台打造一个微信的公众号，进行群发文字、图片、语音、视频、图文消息 5 个类别的内容。高校图书馆可以通过平台提供的 API 接口技术，根据自身与用户需求进行二次开发，为用户提供更快、更全、更多的移动信息服务内容。例如，清华大学图书馆的微信公众号定期发送"清图微报"，通过指令式互动，支持查询图书馆的书展、讲座、馆藏、个人借阅情况、座位实况等信息。

目前，我国微信用户已超过 3 亿，无论是高校图书馆的大学生还是教师都已将微信作为他们日常交流的主要手段，因此高校图书馆通过微信进行移动信息服务具有良好的用户基础。通过微信公众平台高校图书馆可以跟每一位用户进行实时的交流与沟通，并且能够根据用户的不同需求推送信息，例如可以向大学生群体提供图书馆的通知、公告与培训信息，提供借阅信息提醒、自习座位实时状态、招聘信息等；对于教师群体，高校图书馆可以将学科服务整合在微信公众平台上，为教师实时提供学术与科研相关信息。目前微信公众平台提供的移动信息服务内容主要包括图书馆馆藏图书的查询、续借、推荐；读者讲座、培训、活动通知；定位服务；实时咨询与反馈等。

总之，微信公众平台服务模式扩大了高校图书馆移动信息服务的外延，弥补并消除了一些高校图书馆在资金投入方面的不足和技术支持方面的障碍，降低了高校图书馆提供移动信息服务的门槛。移动 4G 和 5G 的接入使得超大文本与视频传输成为可能，高校图书馆可以借助微信平台向用户推荐更多的移动内容并开发更丰富的移动视频服务。

5. 高校图书馆移动信息服务云平台模式

移动互联下用户对信息资源内容与个性化服务水平的要求进一步增强，高校图书馆移动信息服务的基础就是资源建设，为了弥补单一馆藏的不足以及资源的重复浪费，构建安全、可靠、高效、统一的用户云平台至关重要。

从宏观上建立国家级的共享移动资源内容，通过汇集各高校图书馆订购的馆藏资源构建电子资源内容云，建立高校图书馆间的虚拟"地球村"，使得各高校图书馆能够资源共享，共同使用移动数字云资源库。高校图书馆通过云内容按需为用户提供全天候的移动服务。当前高校图书馆联盟（CALIS）的 e 读平台已经初步具有了上述功能。

除此之外，美国国家标准技术研究院（NIST）从用户云服务体验角度将云服务划分为 IaaS、PaaS、SaaS 3 种服务模式。高校图书馆可以依据本馆的用户类型、用户规模与用户需求重点突出某一种云服务模式或将几种云服务模式相融合构建本馆个性化的云服务模式平台。在移动环境下通过云内容与云服务模式的实现，高校图书馆能够真正实现电子借阅等移动信息服务内容。

总之，我国高校图书馆在移动服务上不断探索并取得了一定成绩，但真正推出移动服务的高校图书馆仍数量有限且社会覆盖率还有待提高。当前国内高校图书馆的移动服务模式还以短信服务为主流，而国外是以 WAP 网站访问为主流服务模式，而且客户端应用大有后来者居上的态势。在 So Lo Mo（Social+Local+Mobile）与移动 4G 背景下做好移动服务工作需要我国的高校图书馆根据本馆实际情况，开发符合不同用户信息需求的服务模式与创新服务内容。

（二）高校图书馆移动服务的创新

1. 移动借阅服务

根据 2013 年 9 月 CNNIC 发布的《中国手机网民娱乐行为报告》显示，手机网民中使用手机进行阅读的用户比例为 56.5%，用户规模为 2.62 亿。可见以手机为终端的移动阅读规模已经很大。纵观大学生群体，根据《大学生蓝皮书：中国大学生生活形态研究报告（2013）》显示，大学生中男生登录手机 WAP 网站的比例高达 83.0%，阅读手机报的比例已达 63.8%；女生登录 WAP 网站的比例也达到 77.4%，阅读手机报的比例也达 56.8%。由此可见大学生已经大规模通过手机进行阅读。手机阅读这种碎片化的阅读模式，作为移动阅读的重要组成部分已经超过了传统纸质阅读与电脑阅读，冲击着整个阅读市场。2011 年，在美国已有 67.2% 的图书馆提供电子书外借服务，但是在中国这类服务才刚刚起步。移动网络与智能手机的普及为移动阅读带来了更多机会，高校图书馆用户无疑是移动阅读的重要人群，因此高校图书馆应该发挥自身阅读资源丰富的优势，建设本馆特色资源，如学位论文、会议论文、专利文献等保障体系，大力发展移动借阅服务以满足用户的移动阅读需求。

2. 视频教育服务

视频教育由来已久，但受限于软硬件，原来的视频教育都是通过电视或电脑来实现。随着 4G 网络、家庭与公共场所 Wi-Fi 上网的普及，用户通过手机等移动终端在线看视频的网速限制已经得到初步解决；智能手机与移动设备的性能提升也为移动视频播放创造了条件；移动视频客户端的优化，带给用户更好的视觉体验。当前的视频教育已经移植到手机等移动终端上，4G 网络可以保证视频更加清晰，内容更加丰富，传输更加及时，真正实现高校教育视频的实时发布。与国内的商业网站提供的教育类视频相比，高校图书馆在视频教育的来源与内容方面存在绝对优势。高校图书馆的视频教育主要包括 3 种：第一种是高校学科的专业课视频；第二种是高校图书馆自身用户的培训视频；第三种是高校图书馆的可视化参考咨询。通过 4G 等移动互联网，高校图书馆可以随时随地根据用户需求提供各类视频教育资源，努力构建自己独特的移动视频教育服务平台，提升本馆的移动信息服务水平。

3. 移动付费服务

2013 年阿里巴巴和腾讯两大公司的打车 APP 软件展开竞争，通过疯狂的补贴举动开启了国内移动支付的大门，可见移动付费市场的潜在威力。高校图书馆是公益事业，不会以营利为目的，但是借助移动网络以及移动付费平台进行移动支付可以为用户利用高校图书馆的特定服务提供方便，免去需要用户亲自来图书馆交费的繁复，实现高校图书馆各项移动信息服务的实时交互。

4. 移动社交网络服务

社交网络服务（SNS）是为一群拥有相同兴趣与活动的人创建的在线社区，现已成为移动互联网最普及的应用，是当前高校图书馆用户最主要的沟通与交流方式。社交网络不仅用于日常信息的即时交流，随着数字出版的发展，科研成果的发布已不再局限于期刊发表，越来越多的学术成果开始通过开放获取（OA）平台和社交网络进行快速传播与评价，引发了科学计量学的新革命，即基于使用学术社交网络的学术影响力评价理论——Altmetrics 应运而生。可见，社交网络对于大学生，尤其是高校教师而言，更有助于学术交流。为了满足用户的上述信息需求，高校图书馆的移动服务需要将各种 So Lo Mo 应用整合到自身服务中，如提供热门社交网络入口，开通微博、微信、人人网等社交网络服务。

5. 个性化推送服务

随着科学研究进入第四范式，即基于数据密集型计算、科学记录及其交流与出版达到一个剑锋时期，大数据时代已真正来临。高校图书馆拥有大数据，首先就是图书馆大量的结构化的馆藏数据资源，再者就是图书馆大量用户的非结构化数据。伴随 4G 的逐步推广与普及，高校图书馆的数据会随之大量激增，因此需要图书馆具备处理大数据的能力。通过对大学生和教师大数据的分析与挖掘，高校图书馆便可以准确推测用户的信息需求，做到真正意义上的个性化推送服务。虽然此项工作才刚刚起步，但是利用大数据分析并推广移动服务是高校图书馆今后的工作趋势。

图书馆的服务本质和社会使命可以用 "5A" 来概括，即任何用户（Any user）在任何时间（Any time）、任何地点（Any where）均可以通过任何设备（Any Device）获取图书馆拥有的任何信息资源（Any information resource），这也是高校图书馆的服务根本。移动互联网技术与 So Lo Mo 的发展使得高校图书馆 5A 级服务的梦想正稳步走进现实。当前我国高校图书馆的移动服务已经开展了多年，移动服务模式仍处在各种模式并存的状态，发展还比较缓慢、普及率也不高，但 4G 等移动互联网为高校图书馆的移动服务带来了新的契机，高校图书馆应紧扣国家大力发展移动互联网的时代脉搏，时刻保持技术敏感度与服务竞争力，开发符合本馆用户信息需求的移动服务模式与创新服务内容，并将理论付诸实践。

五、高校图书馆嵌入式服务模式

所谓"嵌入式服务"就是把图书馆的信息环境与用户群体的信息环境进行有效交流融合，把"用户需求"放在图书馆信息服务的首要地位，在特定的工作任务或目标中充分利用图书馆在信息的获取、二次或多次加工、有效管理以及数据分析等方面的优势，把信息服务区域扩展到用户的学习、教学和科研等过程中去的信息服务。

在嵌入式服务下的用户，已经与图书馆形成了无缝联系、动态交流及交互融合，他们不需要到实体图书馆查询资料，也不需要上网浏览图书馆主页去搜索信息，就可以在任何地方、任何时间轻松、快捷、方便地获取到自己所需要的信息，这是图书馆传统服务模式改变的一个重要体现，把图书馆原来的单向服务转变为双向服务，把被动等待转变为主动服务的"以用户需求为中心"的服务模式，树立了图书馆的服务品牌形象，提升了图书馆服务的水平和质量。

目前国外图书馆的嵌入式服务已经相对成熟，已在各行各业中进行有效实施，而中国图书馆的嵌入式服务才刚刚起步，处于把嵌入式服务本土化的探索研究阶段。随着网络技术、信息技术的快速发展，高校图书馆也开始向"以用户需求为中心"的嵌入式服务模式转变。如何面向用户需求构建高效有序的高校图书馆嵌入式服务模式，是很多高校图书馆正在面临的一个重大挑战，也是促进图书馆服务再上新台阶的一个不可多得的良好机遇。

（一）高校开展图书馆嵌入式服务的必要性

1. 高校学科建设的需要

国家教育部于 2006 年发布的《国家重点学科建设与管理暂行办法》中要求国家重点学科必须具备的基本条件之一是："教学、科研条件居国内同类学科先进水平，具有较强支撑相关学科的能力，有良好的图书文献和现代化信息保障体系。"由此可见，高校图书馆丰富的馆藏资源及开展嵌入式学科服务对于高校学科建设的重要性和不可或缺性。

2. 数字信息化时代的需要

现今人们对网络的依赖程度越来越大，随着有线网络及无线网络的普及，任何人在任何时间、地点都可以随时获取和利用所需要的信息，因此人们逐渐形成了泛在的学习方式及生活方式。网络环境下，数字化信息正在成为主流信息资源，用户获取的信息资源日益丰富且获取方式更加便捷，对图书馆则日益疏远。图书馆被边缘化趋势突显，图书馆面临用户群减少的危机，并且图书馆作为文献信息中心的作用也日渐被削弱。因此，图书馆应通过开展嵌入式学科服务，主动与用户沟通并寻求合作，提高图书馆的服务意识和服务水平，留住原有用户群并开拓新的用户群。

3. 转变服务理念的需要

嵌入式学科服务既是图书馆为适应数字化信息时代的发展，也是根据"以人为本"的服务理念推出的以用户需求为中心的新型服务模式。深化学科馆员服务，建立真正符合用户需求的学科化服务机制，是高校图书馆努力的方向。目前，高校图书馆都不同程度存在服务理念陈旧、场馆面积较小、设备设施老化、专业人才缺乏及学校划拨资金不足等现象，已无法满足读者专业化、集成化的信息需求。高校图书馆应改变传统的服务模式，将馆员"嵌入"到用户中，为用户提供个性化、学科化、知识化服务，满足用户的个性化信息需求。

4. 创新服务方式的需要

计算机技术和网络技术的迅猛发展导致信息环境发生了根本性的变化，Google、百度等网络搜索引擎和检索工具的发展日益成熟，搜索引擎已经作为用户获取信息的首选，读者逐渐改变了到图书馆学习和查找资料的习惯。为了提高图书馆的核心竞争力，必须采取嵌入式学科服务这一创新服务方式，才能在日益激烈的竞争环境下谋求自身的进一步发展。

（二）高校图书馆嵌入式服务的主要方式

目前高校图书馆主要开展以下 4 种嵌入式服务方式：手机短信服务、社区网站服务、e 划通服务以及其他桌面工具服务。

1. 手机短信服务

手机短信服务是一种以智能手机为载体的新型信息服务方式。在图书馆 WAP 网站注册的用户安装相关软件之后，就可以根据自己的信息需求来定制频道，对更新的信息资料进行有选择地阅读，或者注销定制服务等。目前清华大学图书馆、合肥工业大学图书馆等很多高校图书馆已通过建立手机图书馆开展手机短信服务。

2. 社区网站服务

社区网站服务是高校图书馆通过 E-mail、QQ 等各种在线交流工具，将信息服务工作拓展到用户的 BBS、Blog、Wiki 等虚拟社区，利用信息共享软件、多媒体资源、知识导航、在线培训课程、知识库等构建丰富的知识体系，营造良好的学习情境，为社区用户自主学习和协作研究提供信息资源。目前国内已有较多图书馆使用这一服务模式。

3. e 划通服务

e 划通是一种"个人桌面信息工具"，用户在使用计算机工作过程中，一旦需要查阅相关信息，不需跳转出当前的工作界面，可以通过直接划选相关词句来自动检索图书馆相关数据，或通过网络搜索引擎自动获取相关信息。目前中国科学技术大学图书馆已经应用了 e 划通服务。

4. 其他桌面工具服务

桌面工具是把图书馆应用加到用户使用的软件系统里的工具，比如把图书馆的搜索引擎安装在用户自己的个人主页或用户个人博客上，或者链接到一些大型网站上去，同时还可以安装用于浏览器的不同的专业插件与应用，比如校书签、工具条等。清华大学图书馆工具条实践较早，经验丰富。

手机短信、社区网站、e 划通以及其他桌面工具这 4 种服务方式，在面向用户需求的高校图书馆嵌入式服务模式的构建过程中起到了推动作用。如把各学院、各专业系网站和图书馆网站进行网络链接，把信息素养教育视频、课件或其他课程信息资源上传到网站上，让用户可以随时自主观看、自由下载学习。高校图书馆将图书借阅、讲座培训、在线课程学习等项目，通过手机短信向目标用户进行及时推送。高校图书馆还可以在对纸质资源和网络资源进行整合、建立专题数据库的基础上，运用手机短信、社区网站、e 划通以及其他桌面工具来为科研型用户开展嵌入式信息服务，为科研型用户提供专、深、多的科研信息。

（三）面向用户需求的高校图书馆嵌入式服务模式的构建

1. 面向"学习型用户需求"的高校图书馆嵌入式服务策略

面向学习型用户的需求，高校图书馆可以采取"嵌入式信息素养教育服务"和"嵌入式个人自主学习服务"这两种服务策略。

（1）嵌入式信息素养教育服务

根据不同年级开展不同内容的普及型图书馆资源有效利用的相关讲座，让学习型用户了解图书馆拥有的信息资源内容，查询、借阅图书等信息资源需要经过哪些流程、办理哪些手续等，重点掌握中文电子资源的使用等内容。图书馆员还应与授课教师一起，把信息素养教育嵌入日常教学中，并围绕学习型用户的课程内容来设立不同的信息素养专题讲座。还可以根据学习型用户的需求来进行针对某一方面的信息素养讲座，以提高学习型用户的资源检索水平，帮助学习型用户掌握更多行之有效的检索方法，促使学习型用户的信息查询、资源获取以及知识利用的能力得到有效提升。

（2）嵌入式个人自主学习服务

高校图书馆可以通过 Web2.0 构造学习互动社区，在学习型用户的学习环境中嵌入服务，为学习型用户的自主学习提供针对性强、专业性高的知识信息服务；通过网络教学平台 Moodle、SaKai 等教学软件或学习软件，来拓展学习型用户学习内容的深度和广度；通过 Lib Guides 等学科服务平台来整合各学科的信息资源，通过 Summon、Primo、EDS 等发现系统来实现一站式信息资源的获取和检索。通过以上方式来满足学习型用户在不同时期、不同阶段不断变化的学习需求。

2. 面向"教学型用户需求"的高校图书馆嵌入式服务策略

面向教学型用户的需求，高校图书馆可以采取"嵌入式课程教学过程服务"和"嵌入式课程教学互动服务"这两种服务策略。

（1）嵌入式课程教学过程服务

高校图书馆努力建设好网络教学平台，将课程所需的各种资源放入其中供大家使用，协助教学型用户直接在网络教学平台上使用已付费的电子图书和期刊论文，以及网络上免费的电子图书和期刊论文。还可以利用数据库 RSS 来提供定制服务，事先把与课程内容有关的检索式输入，将其 RSS Feed 加到网络教学平台中去，便于教学型用户及时获取动态信息，为教学过程做好嵌入式服务。

（2）嵌入式课程教学互动服务

在教学过程中，教学型用户在高校图书馆的协助下，把课程相关信息放置到一些大型、浏览量大的社区网站中，学习型用户在使用社区网站时就可以获取课程相关信息，同时通过 E-mail、QQ 等各种在线交流工具，与教学型用户，或者高校图书馆进行有效沟通，实现课程教学的有效互动。教学型用户可以根据学习型用户的反馈来调整自身的教学计划或内容，高校图书馆可以根据双方用户的反馈来调整课程相关电子信息资源，以达到最大程度上满足课程教学需要。

3. 面向"科研型用户需求"的高校图书馆嵌入式服务策略

面向科研型用户需求，高校图书馆可以采取"嵌入式学术交流服务"和"嵌入式科技研究服务"这两种服务策略。

（1）嵌入式学术交流服务

高校图书馆在学术交流中处于一定重要地位，他们通过提供信息服务来促进学术交流，比如对科研型用户进行学术交流方面的教育宣传，内容包括作者权利管理、版权、机构库建设等问题。同时高校图书馆还积极提倡开放存取的新型学术交流模式的建立，比如与学校其他部门联合建立本地机构库，可以对软件系统进行有效评估，对相关政策进行合理制定与准确解析，对机构库进行大力宣传，对数据质量进行严格把关，对作者行为进行正确引导等。

（2）嵌入式科技研究服务

在科技研究过程中，高校图书馆要全面搜集科研型用户所需要的研究相关的资料，比如研究文献、调查数据等；要即时跟踪研究领域中出现的新成果、新进展和新思路，并及时反馈给科研型用户，为用户提供最新的、具备研究价值的研究机构、研究项目、研究作者以及研究论文等相关研究资料，为用户提供"选题—立项—研究—结题—成果评价—成果转化"全程式的知识研究服务。

（四）有效推进高校图书馆嵌入式服务模式的保障措施

第一，转变落后观念、提高正确认识是有效推进高校图书馆嵌入式服务模式的思想保障。

首先要有效转变高校图书馆落后的服务观念。图书馆相关人员要重新认识图书馆的角色和功能，对机构组织进行重新组合，对服务形式进行有效转换，对实体空间进行重新改造，对虚拟空间进行合理构建，真正建立一种面向用户需求的嵌入式服务模式。只有完善的理念体系，才能使嵌入式学科馆员有明确的奋斗目标与方向，才能使高校用户的各种信息需求得到满足。其次要转变高校用户的观念，改变图书馆是信息、文献存储机构的片面认识，重新对图书馆的角色和观念进行准确定位，认识到图书馆是高校科研团队智囊和学生信息检索的重要基地。最后，高校图书馆要加强对自身的宣传力度，增强其在高校师生中的影响力，塑造品牌形象。

第二，完善信息设施，创造服务环境是有效推进高校图书馆嵌入式服务模式的物质保障。

嵌入式服务工作的开展是建立在一定物质基础之上的，没有物质基础，就无法建设，更谈不上发展。要想做好嵌入式服务工作，一是必须要及时升级软件，更新信息设备，淘汰落后产品，以保证用户使用的信息查询设备性能良好，增加用户的使用满意度；二是要重视用户的信息需求，及时补充馆藏资料，调整馆藏资料结构，保证用户能够快捷方便地查询信息；三是要创造良好的服务环境，除了配备性能良好的信息查询设备外，高校图书馆还应配置饮水机、打印机等相关设备，改善用户信息查询的环境，把嵌入式服务落到实处。

第三，引进专业人才，建设高效队伍是有效推进高校图书馆嵌入式服务模式的人才保障

要想真正做好嵌入式服务工作，就要有专业人才专门管理，这就需要高校图书馆大力引进具备较高信息素养的图书馆专业人才，同时培养已在岗的馆员的专业技能，促使他们尽快适应信息时代的图书馆嵌入式服务工作。除"引培"两条线外，高校图书馆还可以打破部门界限，与学校其他部门的相关人员组建嵌入式服务工作机构，下设学习、教学和科研3个工作小组，有针对性地为高校用户开展服务。比如教务处在学习工作小组里可以起到教学指导、课程建设等作用，科技处可以在科研工作小组里起到科研指导、学术讨论等作用。这样由不同部门组建起来的嵌入式服务工作机构，嵌入式服务工作效率更高、效果更好，更能满足高校用户的信息需求。

第四，健全相关制度，狠抓工作落实是有效推进高校图书馆嵌入式服务模式的制度保障

嵌入式服务是高校图书馆员与高校用户之间的一种协作方式，这种协作方式要想实现深度合作，就要将其制度化。首先从制度上确定嵌入式服务的重要性以

及措施的规范性，将馆员与用户之间的协同合作作为一种常态制度加以落实，在全校范围内实现自上而下的高度重视，同时还可以获取各个部门的支持和配合，进而得到用户群体的信任。相关制度制定后，落实制度也同样关键，千万不要只把制度"挂在墙上"，而要把制度落实到实际工作中去。

第四章

现代高校图书馆阅读推广活动创新与服务

第一节　现代高校图书馆阅读推广活动的必要性

一、高校图书馆阅读推广活动的必要性

（一）"阅读推广"是高校图书馆工作的常态

图书馆工作在高校图书馆借阅岗位上的图书馆员，会切身体会到图书馆工作的繁杂。表面上图书馆看像一块"被遗忘"的角落，其实并不是这样。认真地进行每天的借还图书工作，时时都有新的启发。图书馆员在日复一日的借阅工作中，每天都面对渴求知识的大学生读者，馆员随时随地都在做阅读推广的工作。比如，询问读者想读什么样的书，了解读者希望图书馆采进什么种类的书，征求读者对图书馆改进的建议和要求，与读者探讨对阅读推广的看法，与读者的时时互动等，都是获得阅读推广启发的途径。不能否认，图书馆员日常工作的经验都是阅读推广的宝贵经验，"馆员工作里有哲学"。说起图书馆员职业的工作内容，有人会认为馆员就是解答读者的有关咨询和负责借还书籍，没有一点技术含量，馆员的角色微不足道，谁都可以做，这是对图书馆员工作的一种错误认识。每个在流通部门工作的馆员随时随地都在做着阅读推广工作，他们无时无刻不在向读者推荐好书。从全民阅读活动倡导以来，高校图书馆连年举办"读书节"，积极推广新书、好书，促进大学生阅读。进入 2015 年，国家全面推进"全民阅读"工程，高校图

书馆阅 读推广工作开始面向全社会，阅读推广活动已经发展到了一个新的高度。

（二）高校图书馆阅读推广是"正能量"的推广

图书馆所有的工作，图书馆专业所有的研究，最终都要落实到为读者的阅读服务，包括为读者提供良好的阅读环境，建设专业化的丰富馆藏资源，提供学习研究的平台以及发挥的助读性作用等。阅读推广主要是如何为读者进行丰富多彩的导读活动，图书馆工作的未来走向就是《政府工作报告》中提出全民阅读工作，把全民阅读工作引入社会机制，创造性地开展阅读推广工作已经是未来发展的必然趋势。图书馆员必须要把自己全身心地融入阅读推广工作中，并充分发挥自己的聪明才智，走出一条图书馆阅读推广工作的新路子。

（三）图书馆员参与社会阅读推广义不容辞

在高校图书馆阅读推广工作中，图书馆员是阅读推广工作的主体。图书馆员在做好自己馆内的阅读推广工作的前提下，必须学习其他高校图书馆阅读推广的先进经验，交流阅读推广工作成效，互相沟通与联动。阅读推广工作是图书馆一项长期而又艰巨的任务，需要图书馆员显示各自的能力，发挥各种推广阅读的作用，同时开展馆外辅助性的助读。高校图书馆的阅读推广工作不能局限在校内，应该走出校园、走向社会、走进民间，积极参与全社会的阅读推广活动。

为了充分发挥高校图书馆的社会服务功能，促进文献资源共享，各高校图书馆可以试行为社会提供一定限度的文献信息服务，在保证本校师生教学科研所需的前提下为本市、本校周边的居民办理阅览证和借书证，试行面向社会开放服务、积极参加阅读推广的志愿者活动。发挥图书馆员在阅读推广工作中的尖兵作用，是图书馆员义不容辞的责任。同时，图书馆员探索性的阅读推广工作，体现其积极、主动、创新的阅读推广工作态度。许多图书馆同行在阅读推广方面积累了丰富的经验，比如，中国图书馆学会阅读推广委员会和金陵图书馆主办的中国图书馆年会，展示了很多馆员的书评；在全民阅读推广研讨会上，馆员辩论异常激烈、深入，把图书馆外的阅读推广推向高潮。

二、高校图书馆推行阅读推广活动的意义

（一）有利于学生阅读习惯的养成

高校是培养学生、教授人才的主要阵地，学生在高校开展学习活动，主要依靠的不再是家长和教师的耳提面命，而是需要学生树立自主学习意识，充分发挥自己的主观能动性，对学习计划和学习通道要进行自主地建立。高校图书馆就是提供相应服务的主要机构，学生只有在图书馆内进行必要的阅读和学习，才能够有效提升自己的知识储备能力。但是，由于应试教育结构，学生在进入高校前有效的阅读时间非常少，学生对于阅读没有建立清晰的认识，也缺少最基本的阅读人文性以及结构性，多数学生对阅读架构基本没有关注，也就导致多数学生进入大学后，也没有建立起很好的阅读习惯，虽然高校设立了综合性的图书馆，但是多数学生也只是在学期考试时才会使用。学生没有良好的阅读计划，高校图书馆在基础阅读推广方面的监管力度也不足，就导致整体大学学生阅读理念进入了恶性循环。

（二）有利于提高大学生综合素质

高校图书馆是大学生学习的第二课堂，也是相当重要的一个课堂。开展阅读推广工作对提高大学生综合素质具有重要意义。高校图书馆在为大学生专业学习和科学研究提供文献资料和咨询服务的同时，也为大学生准备了内容丰富的阅读材料。许多大学生的阅读存在着随意性、盲目性、片段性以及功利性等特点，图书馆有效地开展阅读推广工作，促进大学生的阅读生活更有针对性，也更符合个性发展。在应试教育机制的影响下，大学生将注意力更多地集中在英语四、六级考试和计算机过级考试上，缺乏对人文类材料的阅读。网络阅读的轻便性和随意性也导致大学生远离和排斥书本阅读，逐渐失去了阅读思考的乐趣。高校图书馆开展阅读推广活动，引导大学生有兴趣地深入阅读，养成良好的阅读思考习惯，开拓视野，丰富知识储备，陶冶情操，提高综合素质。

（三）有利于传承传统文化

高校具有为社会培养和输送人才的作用和职能，大学生肩负着传承优秀传统文化的使命。高校图书馆在为教学和科研工作提供信息支持的同时，也是传承优秀传统文化的重要基地。大学生对未知世界充满好奇，却忽略了对传统文化的认知和感悟。图书馆可以通过多种形式的活动吸引、感染大学生走进传统文化，认识传统文化，体会传统文化，让大学生真正认识到文化传承与创新同等重要，都是时代赋予他们的使命。

三、高校图书馆阅读推广存在的问题

（一）高校图书馆未形成阅读推广活动的常态化

高校图书馆开展阅读推广的目的是让阅读成为大学生生活中必不可少的一部分，真正地把阅读变成一种习惯。而高校开展阅读推广活动大部分集中在 4 月，是因为 4 月 23 日是世界读书日，而且活动的娱乐休闲的意义大于对阅读推广的意义，同学们也只是阅读兴趣高涨一阵子，这与高校图书馆阅读推广的目的并不完全符合。长期有效的机制能够将活动贯彻于整个大学生的生活。

在组织机构上，高校图书馆几乎没有高校专门成立的阅读推广机构，缺少专业的人才，将阅读推广活动想得过于简单、轻松。高校图书馆开展任何有意义活动，都离不开专业人才的帮助。

在理论上，阅读推广活动的开展缺乏专业方面理论的支持。虽然近几年来关于高校图书馆阅读推广方法的研究取得了一定的成果，但这些研究都缺乏系统性，很多成果都重点关注了阅读推广活动的参与人数、人员的年龄层次、性别比例等表面现象，缺乏对阅读推广活动深入的有效性的考察，很少深入研究发达国家以及发达地区高校图书馆阅读推广活动之所以成功的深层次原因。没有理论支持开展活动只会是胡子眉毛一把抓，没有重点。

（二）数字资源阅读推广存在着障碍

文献资源主要涉及数字资源方面和纸质文献方面，以前一提到高校图书馆阅读推广，就会联想到纸质文献的阅读推广，但是目前随着网络技术的更新换代，网络资源的迅速增加，各种电子产品的普及与应用，数字资源的应用变得越来越重要。数字资源方便快捷的优势弥补了纸质资源体积大、查阅麻烦的缺陷，可以更好地为读者服务。

目前我国高校虽然数字资源的阅读推广也已经逐步开展，但是仍有很多不足之处，需要进一步强化。一方面，数字资源文献检索课程的开设普遍性不够，而且该课程一半是作为选修课而非必修课开设的，学生信息检索与获取方面的知识有所欠缺，大多数读者利用数字资源的技巧和能力有待提高；另一方面，数字资源的文献会有不同的格式和阅读软件，这也为数字资源阅读推广造成一定阻碍。比如：中国期刊网支持 CAJ viewe 或者是 Adobe Reader，而超星电子书需要使用超

星阅读器才能阅读。

另外就是关于数字资源使用的地域范围问题。高校图书馆在允许读者使用高校图书馆时，存在地域限制，只能是本校学生在学校使用校园网的情况下，才可以下载使用数据库文献，不使用校园网就会被限制权限，这样会影响数字资源的访问量和下载量，不能使学生享受高校图书馆数字资源的权利，影响学习效率。

（三）阅读推广活动过多依赖于行政指令

对于高校图书馆的阅读推广活动来说，大多数都是由于上级有关部门的倡议和要求而开展的对应性活动，没有同图书馆工作规划、年度考核挂钩，所以在思想意识上就难以形成高度的重视。研究显示，阅读推广活动大多被高校图书馆视为其"亮点"工作，而不是作为当前大学生人才质量培养的基本服务，这种状况导致高校图书馆往往是以突击性、行动式的模式来应付上级布置的任务，形式与内容不能满足当前大学生的实际需要，更不能吸引到大学生的广泛关注和参与，所以，阅读推广活动大多都流于形式。

（四）阅读推广活动忽略了读者的主观能动性

现有的高校图书馆的阅读推广活动，都是以一种管理者的态度来开展活动的，是从上到下的俯视，图书馆是阅读推广活动的组织者、引导者与合作者，是知识的传播者和指导者；而学生是学习活动的主体，是阅读推广活动的主要参与者。可是图书馆角色定位却根深蒂固，本位主义、一厢情愿，不调查也不了解读者的阅读需求心理动机和阅读行为，不能够清楚地确定读者的求知愿望，因而无法采取有针对性的合适且有效的阅读推广方式。同时，没有读者的参与反馈，形成不了图书馆与读者之间的灵活互动，图书馆的阅读推广活动也达不到预期的效果。

目前，高校图书馆开展阅读推广活动，只是在国家全民阅读背景下的一种被动行为，忽略了高校读者参与和主观能动性，直接影响了高校阅读推广活动的效果

四、高校图书馆阅读推广存在问题的对策

（一）成立阅读推广活动组织

高校图书馆首先应该建立相关的阅读推广工作部门，负责开展高校图书馆阅读推广的各项工作，包括读者需求调查、本馆现状分析等，提出开展高校图书馆

阅读推广活动的有效的措施建议。

阅读推广部门的建立是高校阅读推广的组织保障。高校阅读推广活动工作部门专门负责阅读推广活动的开展，这样有效避免了馆内人员互相推脱责任，便于图书馆活动的策划和实施。组织人员有更多精力和时间来钻研活动方面的事宜，使高校阅读推广活动内容更加专业、步骤更加精细、管理人员主人翁意识更强。

（二）切合读者需求，利用新媒体技术，创新阅读推广模式

高校图书馆的阅读推广要以科学合理的方式进行。高校本身是一个人才培养和科学研究的机构，所以在阅读推广中要责无旁贷地发挥积极作用。要科学合理地引领高校阅读发展，在校园内建立阅读推广体系，如设立阅读周、阅读角等。此外，将如何实现科学推广列为学校教学和管理方面的课题，多角度、全方位地调动师生的积极性，探求适合学校特点和发展的阅读推广模式。

首先，高校图书馆要借助新媒体平台，全面实现阅读推广和服务。新媒体平台是网络信息化发展下的高校信息传播的重要途径。高校图书馆要重视新媒体平台与阅读推广活动的对接，尽可能利用新媒体技术为图书馆的阅读推广服务。21世纪初国外图书馆界新兴的阅读新服务 Living Library 就是一项具体且易于移植的活动，"有助于形成容忍与理解，它是对社会凝聚力的贡献"。通过转变阅读形式，针对节假日、休闲时间，结合图书馆、茶室、咖啡屋等场所，因地制宜推行阅读，使阅读真正成为"悦读"。

其次，依托学生社团组织，建立高校阅读自助机构。在高校图书馆阅读推广中要积极发挥学生的自我引导、自我教育和自我熏陶作用，组建大学生自主阅读的社团组织，辅导学生进行高效阅读，并通过自身活动，加强读者间的交流和相互学习，起到自我推广的作用。实际工作中，可以借助图书馆资源，申请学校支持，协同学工处、团委等部门积极鼓励和成立阅读社团组织，帮助大学生养成优秀的阅读习惯。大学生读书社团要全心全意、切实做好读者与管理部门的桥梁，成为校园阅读推广工作的有力推手。

再次，发挥学校名师的引领、示范作用。学术大师、专家教授是一个高校最重要的人力资源。每一个高校都会有一批知识广博、授课风趣，在校园内深受爱戴的优秀教师。在高校的阅读推广中，要注重发挥名师的示范效应，宣传名师的读书心得体会，请名师列出必读书目。这些观点、言论、书目会对该校广大的学生读者群体起到深远影响，会对学生的读书习惯、读书的理解产生极大的促进作用，并会引领整个学校的阅读潮流。所以，工作中高校图书馆要积极地主动联系名师，通过邀请名师定期开展活动，如定期开展主题讲座、邀请名师对专业学习推荐阅读书目等，充分借助名师资源，全方位地帮助大学生阅读，全力推进高校图书馆的阅读推荐活动。

最后，设立阅读交流栏，建设交流场所。交流和互动是阅读推广的重要途径。高校图书馆要在网站主页或专门设立读者的交流平台，开设读者心得、名师推荐、交流互动等栏目，给每一个大学生读者自我抒发、自由交流的机会。同时，在校园内，如图书馆内部，设置一个面对面交流分享读书心得的场所。可以邀请书友、老师、图书馆阅读推广人员一起展开面对面交流，通过这种形式吸引更多的学生参与到读书中来，促进高校读书交流的自由开放。

（三）强化高校图书馆阅读推广活动的理念

全民阅读已经上升为国家战略，高校图书馆应该使阅读推广成为图书馆主流工作，将高校图书馆阅读推广活动纳入图书馆的重要议事日程，开展图书馆阅读推广必须投入一定的人力、财力，高校图书馆应该投入专项预算经费，支持开展高校图书馆阅读推广。阅读推广是高校图书馆发展的趋势。高校图书馆阅读推广活动的出现和普及是图书馆发展到一定阶段的产物。高校图书馆的发展经历了三个阶段：图书的借阅与阅览阶段、数字信息资源检索阶段和高校阅读推广阶段，通过各种活动使读者主动进入图书馆，用心读书。这三个阶段不是替代关系，而是层层递进关系：在传统图书借阅与阅览的第一阶段，才会产生大量的馆藏资源；电子资源日益丰富后，数字参考咨询和信息检索方式应运而生，面对众多的数字资源，高校图书馆馆员有义务帮助读者进行资源检索、汇总、推送；拥有了大量纸质和电子资源之后，如何让读者了解高校图书馆现有的资源和服务成为高校图书馆的重点任务，高校阅读推广成为不可阻挡的潮流。

高校阅读推广已经成为高校图书馆日常工作的一部分，在这个知识爆炸的时代，随着各种网络工具的普及，高校图书馆不应该像以前一样，抱着酒香不怕巷子深的理念，等读者主动来借阅图书，而是应该与时俱进，利用图书馆的图书资源、人力资源积极开展阅读推广活动，将好书、经典呈现在读者面前，重新树立高校图书馆的形象，帮助读者养成良好的读书习惯。高校阅读推广是高校图书馆的根本任务。现在，手机、电脑等各种阅读媒介供人们选择，阅读快餐化、通俗化的现象越来越严重，对纸质阅览依赖程度下降，在图书馆中的借阅排行榜上，考级考证的书总是借阅量最高的。静下心来仔细阅读的习惯成为过去式，急功近利让学生对阅读积极性下降。高校图书馆通过有效的措施引导大学生重视阅读，根据高校读者的类型和需求特点，有针对性地开展阅读推广活动，培养大学生坚持读书、用心读书的阅读习惯，这对大学生的成长有重要意义。

高校图书馆是高等学校教育的重要组成部分，高校图书馆开展阅读推广活动，可以充分发挥图书馆读书育人、教育育人的服务功能，可以充分利用图书馆文献信息资源，促进大学生阅读能力的提高，完善知识结构，实现大学生全面发展。大学教育是大学生人生教育的主要阶段，对提高人生质量、文化水平有着决定性的影响。大学生的文化知识学习是大学教育的一部分，社会需要拥有多方面知识的复合型人才，即共性知识是人们进入社会所必需的。大学生相关知识必须通过图书馆来获得。高校图书馆作为大学生学习知识的主要场所，担负着阅读推广的主要责任，因此要围绕"人才培养、素质教育"广泛开展阅读推广活动，促进大学生文化素质的提高。

第二节　高校图书馆阅读推广的多样化与品牌建设

一、高校图书馆阅读推广的多样化

（一）主体形式多元化

近些年来高校图书馆阅读推广活动涌现出了一系列优秀的案例，它们不仅形式上吸引眼球，而且活动内容特色也十分鲜明，符合当下大学生的关注热点，对所推荐读物也是精挑细选，"真人图书馆"优秀读物排行榜、精品书展、名著知识竞赛游戏、微拍视频推荐、主页个人书斋、主题书友会、优秀图书馆原创出版刊物、地区特色文化读物推荐会以及和推荐读物先关的影视作品展、自主话剧改编演出等一系列延伸活动，让同学们了解更多与阅读相关的文化知识，使他们从接受阅读到习惯阅读再到爱上阅读。

（二）宣传渠道多元化

传统的展板、传单、海报、横幅等宣传模式具有一定的局限性，同时也不环保。随着互联网的普及以及移动终端设备的不断进步，利用新媒体进行宣传已经成为发展的必然趋势。高校图书馆拥有自己的主页、官方微博，这些都是阅读推广活动的宣传平台，同时不少图书馆也开始开发自己的手机APP，建设移动图书馆业务，并利用微信、QQ等一系列社交软件对活动的主题、内容、特色、形式加以介绍说明，并嵌入微拍、视频、动画、图片、游戏、音乐等信息向读者推送，迎合当下年轻人的喜好，使得宣传内容更加生动出彩。阅读推广活动宣传渠道的多元化，不仅搭建了图书馆与读者之间沟通的桥梁，使得图书馆与读者可以随时随地的零距离接触，而且也为高校图书馆创造了主动走出去为读者服务的便捷通道。如何充分发挥互联网和新媒体的宣传作用，将它们与阅读推广活动有机地结合起来，是图书馆工作者需要学习并加以实践的课题。

（三）活动组织者的多元化

高校图书馆有大有小，但是不论大小，都具有流通、阅览、采访编目以及读者或学科服务等部门。流通、阅览是读者服务的第一线，其工作人员熟知馆藏，最适合结合各类节假日、各类活动向读者推荐图书。一些图书馆的阅览部门工作人员会定期编写图书介绍，张贴在显眼位置，方便学生浏览；或者推出推荐书架，适时向学生推荐好书。学科服务部门通常针对的是研究型用户，例如用户荐购通常由学科服务馆员联系相关学科的教授、副教授以及博士生来开展。

一些没有设学科服务部的图书馆通常设有咨询部，其主要工作是有针对性地解答各类读者的问题。采访部虽然不直接接触读者，但是该部为各部门开展相关业务提供了文献保障，结合各类活动适时购进相关图书是各部门活动成功的基础。一些稍大型的活动通常需要多个部门的配合，或者需要同馆外的单位或团体合作，比如武汉市政府倡议的共建"读书之城"活动就需要多方的参与，武汉大学图书馆积极支持，并与武昌区政府协议共建"全民阅读示范基地"。高校图书馆与学生社团合作则既能吸引学生参与，又能适当减轻馆员的工作量，从而做到双赢或多赢。

（四）品牌价值多元化

阅读推广活动的可操作性和可持续性是它能否开展和取得良好效果的关键，因此，高校图书馆越来越关注每次阅读推广活动的连贯性和延续性，只有当一个活动长期定期开展，而且每个活动主题又具有相关性时，活动的影响力才能逐渐深远，人气才能积少成多。阅读推广活动不应盲目追求数量，应注重每个活动的质量，做出精品并予以传承，形成一种阅读文化、阅读品牌。当高校图书馆把阅读推广活动做成一个品牌后，其活动自身的形象价值就会为其带来人气，品牌魅力和效应将会让阅读推广事半功倍。如清华大学图书馆"读有故事的人，阅会行走的书"和上海交通大学图书馆"鲜悦"等品牌主题活动，上海财经大学图书馆创办的《读者之友》以及西南政法大学图书馆创办的《法府书香》、"悦读"系列刊物等，依托这些品牌在校园中的口碑和影响力，高校图书馆的阅读推广活动正在稳步前行。

阅读推广活动一旦形成品牌，不但可以凸显活动自身的价值，更可凸显图书馆的价值，同时也可以成为所在高校的一张名片。

二、高校图书馆阅读推广品牌建设

（一）创意

一个优秀的品牌通常依赖于一定程度的创意。像真人图书馆这个品牌之所以能够在世界各国图书馆界流行起来，很大程度上在于其创意。但要说明的是，今天各图书馆虽然多在开展这一活动，但毕竟其创意不属自己。一些好的创意固然可以借鉴改造，但各高校图书馆要想真正拥有自己标志的品牌，必须结合自身的情形寻求创意。如华中农业大学图书馆的"环境日百人读书接力"就是一项相当有创意的活动。该活动结合 6 月 5 日世界环境日以百人接力读环保经典的形式来开展，通过 1 本经典、2 个空间、3 位嘉宾、4 组团队、8 家媒体、100 人接力阅读，产生了非常好的影响。

（二）定位

有了创意，如何定位非常关键。对于阅读推广品牌来说，定位就是品牌创建者希望品牌在预期读者大脑中扎根的程度。一个优秀的品牌就是让品牌接受者一旦接触就不再忘记。如"定位之父"里斯所言，"定位就是在顾客头脑中寻找一块空地，扎扎实实地占据下来，作为'根据地'，不被别人抢占。"武汉大学图书馆的"文华讲坛"与《文华思潮》目的性很强，就是希望通过一个讲坛的开办和一份刊物的发行使武汉大学的阅读氛围得以有效提升，塑造一种新型的校园文化。其内含的理念和期望在于：阅读改变自我，阅读改变文化。

（三）投入

好的创意在定位之后要舍得投入才能使之成为品牌。投入包括时间与精力的投入以及经费的投入。这就意味着需要投入一定的人力、物力和财力，即要准备一笔费用，让专门的人做专门的事。一些由政府或组织倡导的活动可以有充分的经费支撑，但很多高校图书馆往往因为人力财力的不足而导致一些创意不能开展，或不能持续。一些有条件的高校图书馆可以聘请名家举办公益讲座，这类讲座对吸引学生对图书馆的关注和培养学生综合素质极有帮助。也可印行一些出版物，尤其是阅读指导类出版物。讲座和出版物要办得有影响离不开经费方面的投入，更与是否有得力的人来开展密切相关。

（四）持续

一个好的创意只能说成功了一半，要使之成为品牌还需要持续努力。武汉大学图书馆的卡通形象"小布"可算是一个具有一定特色的创意品牌。这是一个虚拟的形象代言人，其英文名为"Ibooke"，包括纸质文献和电子资源。小布是一个虚拟咨询员，存在于微博、QQ和邮箱等中。武大的读者"外事问百度，内事问小布"。小布有多款造型，以适应不同场合，其形象一经推出就深受学生喜爱。在此基础上，武大图书馆又进一步开发了"拯救小布"游戏，以通关的方式让新生了解图书馆资源、空间及服务。通关的学生可自动开通ID在图书馆的借阅权限。图书馆还围绕小布开发了另一款游戏："消失的经典"。这款游戏围绕经典做文章，其通关题即面向学生征集，学生通过通关游戏可以熟悉经典。这是围绕一个主题而开拓深化的持续。

（五）宣传

创意要成为品牌，品牌要著名，适当的宣传是必要的。要开展宣传，就必须有宣传点。言之无文，故行之不远，而若言之无物，即使有文，也同样必行之不远。一个活动要让别人记住，必须要有值得别人记住的内容。有了这些值得记住的内容，有了宣传点，也就值得宣传，宣传也就会有成效。宣传包括自我宣传和利用媒体宣传，可以在事前进行策划，在事中与事后适时跟进。如武汉大学图书馆的"十大借阅之星"，2013年初做的时候，是将学生在校4年的借阅量汇总发布，只在校报上做了报道，影响不大。2014年再做时改4年借阅量为年借阅量，由于排第一名的同学年借阅量达到764本，且由于这年的读书节开幕活动请来名家做讲座，请来校长发表讲话，一时记者云集，而746本这个数字太过吸引眼球，遂成媒体报道焦点。

第三节　现代高校图书馆阅读推广活动模式的创新

一、基于微信进行阅读推广

（一）微信进行阅读推广的可行性分析

1. 外部环境允许微信应用于阅读推广

随着无线网络和 4G 网络的普及，智能手机性价比的提高，当代大学生的沟通方式发生了巨大改变，越来越倾向于使用即时通讯工具。据中国互联网信息中心数据显示，截至 2014 年 6 月 30 日，我国的网民数量为 6.32 亿人，其中手机网民数为 5.27 亿人，占总网民数量的 83.4%，可见移动终端的使用越来越普遍。微信自 2010 年推出以来，由于其强大的功能和良好的客户体验，受到广大用户的喜爱。起初微信只用于通信聊天，随着版本不断完善，应用范围不断扩大。尤其是微信公众平台推出后，在教育、医疗、传媒、营销等方面都有广泛应用。当前，很多机构的服务观念发生了转变，不再是被动等待，而是主动提供服务。高校作为一个服务于师生的非营利性组织，越来越倾向于主动提供服务，微信则为其提供了一个平台。

2. 微信用户基数大，使用成本低

微信是腾讯公司推出的一款跨应用平台、跨运营商的应用程序，支持安卓、ISO、塞班等系统，可进行文字、语音、图片、视频等多种形式即时消息的传递。微信用户基数大且增长速度快，2014 年 8 月，微信的活跃用户数量为 4.38 亿人，截至 2015 年 3 月，该数量已达到 5.49 亿人，同比增长 25.3%。

此外，微信与腾讯 QQ 和电话号码具有强关系性，用户可以通过 QQ 或电话号码添加好友，并与好友保持高关注、高黏度的互动。这大大促进了微信用户增长，为高校图书馆阅读推广奠定了良好的基础。在微信的使用过程中，用户无需支付通讯资费，只消耗少量的流量，就可进行聊天、群组讨论、朋友圈点评和阅读文章等活动。尤其是在无线网络的环境下，使用成本低的优势更得到了充分的体现。

3. 微信平台功能强大，具有延展性

微信平台自身功能强大，除了支持文本、图片、音频、视频的即时传送外，还具有群聊、摇一摇、二维码等功能，使用方便，操作简单。用户无需太多的知识文化，只要会语音能打字就能使用微信的大部分功能。随着版本的升级，该应用程序越来越人性化、智能化。

目前，微信传播消息的方式有三种：一对一的私密传递、一对多的广播发送和多对多的社区互动，既保证了信息发送的即时性和有效性，又保证了粉丝间的互动程度。在群聊过程中，信息可以上翻查看，确保所有信息传递的完整性。此外，微信平台具有延展性，高校图书馆可以根据自身需求自行或者委托第三方进行微信公众账号的二次开发，搭建适合进行阅读推广的公众平台。

（二）微信平台阅读推广工作的建议

1. 开设专门的高校微信阅读平台

高校微信阅读平台的开设要与移动图书馆相区分，前者的主要目的是进行校园阅读推广，而后者的主要目的是实现传统图书馆部分功能的移动化和便捷化。可以预见，阅读推广平台将在很长一段时间与移动图书馆并肩同行，但设立独立而专业的高校微信阅读平台是可以期待的。作为以阅读推广为使命的图书馆官方微信平台，应在菜单和栏目设置上加大阅读推广内容的比重，直接体现阅读推广工作。在推荐书目时应允许进入移动图书馆进行检索获取，或者直接将推荐的图书链接到可阅读的电子书界面，以吸引他们精读、深读整本图书，把碎片化阅读引向精读团，利用移动图书馆功能实现阅读推广效果。

2. 科学设置阅读推广菜单

在对阅读推广工作进行科学分类的基础上，通过菜单和栏目的设置充分体现微信平台的原则性与灵活性，将长期开展的无须频繁更新的阅读推广工作细分设置为菜单名称，而需要不断更新或不方便形成常态的推广形式借用信息推送栏目予以实现。例如诺贝尔文学奖、茅盾文学奖获奖作品可以作为"好书推荐"菜单的内容，同一作家的不同图书或者围绕同一主题的不同作者的图书等可以作为"阅读专题"菜单的内容。此外，菜单设置中应避免使用"阅读推广"这样笼统的菜单名称，增设体现个性化阅读的精细化菜单，并通过 Click 菜单点击统计功能来找出读者感兴趣的菜单，进一步整合优化。

3.完善创新阅读推广栏目

在各类阅读推广栏目中，荐书类和专题类因更新周期较长，可固化为平台菜单，便于读者查阅。活动类、比赛类、文章推荐类以及读书类应进行有计划地规律性推送，强化推广效果，形成品牌效应。在推送比重上，应加大诗词美文欣赏等文章推荐类信息，因为此类信息是最直观的微信阅读推广形式，一经阅读就实现了阅读推广效果。此外，还应结合自身资源特色大力开发新型的阅读推广形式，同时注意借鉴他人经验，例如多方位增进阅读效果的"立体阅读"；扩大阅读推广参与人群并加强分享互动的"真人图书馆"；充分利用微信投票功能的"图书投票"等。

4.丰富阅读推广信息内容呈现方式

内容为王，一直以来都是新媒体铁律。有学者指出，"读文"已走向了"阅图"，具有"微"特点的直观性的微视频、图像等视听资源尤其受到读者的青睐。因此，结合新媒体阅读的特点，加大图片、视频、音频等信息呈现形式，美化版面设计，恰当使用网络热词，既是增强阅读推广效果的需要也是时代发展的潮流。此外，进一步开发微信平台新特性新功能，例如数据分析、定位、支付、游戏等，促进学生参与，创建学生用户在线社区图，使微信推广成长为相对独立自主的校园阅读推广形式。

二、基于新媒体的高校图书馆阅读推广

（一）新媒体环境下阅读特征的变化

1.阅读载体多元化，阅读方式转变，新媒体阅读发展迅猛

新媒体时代，信息资源发布呈现多元载体形态，除传统的纸质书报刊以外，手机、平板电脑、电子阅读器等新媒体都是阅读的新载体。人们的阅读方式不再是单一地阅读纸质读物，而是纸质阅读逐渐向电子阅读转变。从眼看、手翻、口读的纸本阅读，变为点击鼠标和触屏的多媒体阅读。"第十一次全国国民阅读调查"数据显示，2013年受数字媒体迅猛发展的影响，数字化阅读方式的接触率为50.1%，较2012年的40.3%上升了9.8个百分点。新媒体阅读正成为人们查找信息、阅读图书的主要方式。

2. 阅读内容碎片化，阅读深度浅表化

传统媒体时代人们阅读纸质图书，一般是按顺序逐字逐句逐页翻读，呈现的是线性逐步深入的阅读状态，读者会有一个相对安静且悠长的阅读时间，思想会随着图书内容的深入而不断推测、探究和思考。而基于新媒体的网络阅读、手机阅读等，是一种随意性的、搜索性的、浏览式的、跳跃式的阅读。网络阅读者会变得贪多，不断地点击浏览，通过搜索引擎、主题链接反复不停地转换，导致阅读变成浏览、搜索代替记忆，阅读内容"碎片化"现象严重，这种阅读方式，使得读者不能专心，缺乏深入的阅读体验，直至失去阅读所应有的专注与沉思的能力

3. 阅读活动的互动性、参与性、便捷性、娱乐性成为阅读新景观

新媒体时代，由于阅读和技术融合，实现了作者和读者之间双向、互动式、自由、平等的交流。在新媒体阅读过程中，读者可以利用微博、微信等平台，进行信息的发布、交流、分享、获取，能直接参与到网络阅读或创作中去，以写评论、写日记等形式发表自己的观点，和作者或网友互动，这样的阅读方式打破了传统阅读的时空限制，加强了作者与读者之间的互动性，增强了读者的参与性，让读者有主动融入的情绪体验。

便捷性是新媒体阅读最显著的特性。读者只要随身携带移动新媒体，就可以在任何时间、任何地点自由地阅读自己喜欢的内容，特别是手机，几乎成年人人手一个。手机阅读更不受地域和时间的限制，可随时随地进行阅读。网络的快速搜索、强大的超链接功能，使读者在阅读过程中碰到一些不认识的字、不明白的词等，通过百度、谷歌等搜索引擎，很快就能找到相应的解释，这些快速便捷的检索功能，是传统纸质阅读无法比拟的。

娱乐性也是读者喜欢新媒体阅读的一个重要特性。有的数字化阅读不仅有看书的功能，还有听书的功能；有些数字化阅读还配有插图、FLASH 动画、视频等，给读者带来一个图文并茂、声色共存的阅读天地。相比纸质阅读，新媒体把阅读变得形象、立体、生动，读来趣味无穷。新媒体阅读标志着阅读进入到了一个新的时代。

（二）基于新媒体的高校图书馆阅读推广策略

1. 保证高校图书馆阅读推广的组织性、系统性、持续性

结合图书馆内部实际情况，安排相应的管理人员进行活动规划和组织，为了保证对应管理部门存在的稳定性，可以号召在校学生、社会成员参与组织构成，在组织的内部进行选举评定、确定最终的部门成员和两到三个管理人员。民主商议合适的组织管理制度，在实践中不断总结补充，严格执行，规范组织成员的行为。加强与其他部门、协会的联系和沟通，在活动规划和举办方式上多方商议、相互协作。及时总结活动经验和教训，调查了解活动参与者的想法，完善活动举办的方式方法，要坚持持续性、长期性，根据参与者的反应完善活动细节，增加其他的活动形式。像读书交流这样的活动，应该有规律、经常性举办，统计相关参与人员的阅读书目和进度，安排阅读内容相近的读者同组交流，鼓励读者和大家一起分享读书心得，这样也起到了书目推荐和分享的效果。

2. 加强与读者的沟通交流，扩大阅读推广的影响力

读书交流会可以有效接收读者的意见和问题。此外，馆长意见反馈箱也可以继续使用，方便读者将自己的建议系统完善地进行归纳，以建议信的方式促进图书馆阅读推广工作的完善。理解并关注人们对于电子阅读的依赖性，以合理恰当的方法纠正读者不良的阅读习惯，使读者认识阅读的本质、形成正确的阅读观。

具体来说，在平时的课堂教学中就可以倡导图书馆阅读的思想，向学生介绍良好的学习环境和氛围对于阅读的积极影响，使学生认识到知识掌握的牢固性和系统性的意义。为了适应人们对于电子媒介的应用需求，也可以在一些网络平台强调图书馆阅读的积极影响，培养读者良好的阅读品质。

3. 扩大图书馆阅读推广的范围，提高资源供给质量

保持传统的图书推荐栏、读书标语、黑板报等阅读推广方式，不断丰富宣传内容；创办图书馆杂志、周报等，鼓励大家积极投稿，参与活动；设立特色板块，对内容进行分类，积极回复读者的意见建议，让读者认识到图书馆对于工作改进的重视，使大家对于图书馆活动更有信心；利用新媒体优势，创立适量的图书对接平台，在微信、QQ、微博等网络社交平台上面设置阅读接口，设立文字交流公众号，实时发布一些文字内容；合理规划、丰富馆藏，积极了解读者意愿，对需求量大的书籍加大采购量，一些需求少的书目则可以适当控制购进量；合理安排

借阅操作流程，对于量少但借阅需求高的书籍进行借阅预约，对借阅时间加以限定，保证读者可以尽早借到自己要看的书籍；电子资源进一步完善，处理好各个资源库之间的接洽，投入足够的资金，保证资源共享的便捷化，设立资源查询的多种途径，包括电脑客户端、手机客户端等快捷入口。

三、基于"互联网＋"视域的高校图书馆阅读推广

（一）互联网+阅读推广的优势

1. 读者满意度提高

在信息技术的支撑下，"互联网＋"阅读推广模式对读者的阅读特点和习惯了如指掌，可以做到有针对性地向读者推送个性化需要的知识资源，从而帮助读者充分利用互联网进行知识的钻研，零碎时间能够被高效利用起来，符合现代化的快节奏生活和学习特点。

2. 读者阅读投入降低

受"互联网＋"阅读推广模式影响，高校图书馆提供的阅读服务不再需要大量的人力和地址空间来保存知识资源，使得图书馆资源成本降低，可以为读者提供更多的低价或免费资源来阅读；同时，读者可以利用移动终端 APP 软件实现随时随地的阅读，不必再浪费时间和金钱去特定的场所进行阅读。这两方面都降低了读者的阅读投入。

3. 阅读推广个性化强

阅读推广是面向读者提供的在线服务，需要根据读者的意愿和喜好进行知识的推送。因此，在互联网平台进行在线服务时，高校图书馆必须进行读者意愿调查，或者通过数据采集与分析，将读者的兴趣爱好进行总结与归纳，形成一定的兴趣群体，然后对群体进行类似知识资源的推送，保证读者兴趣的可持续性。同时，对群体中个体的社会关系网类型、学习专业特点、主攻方向和休闲阅读类别等进行归类，从而可以向读者推出个性化服务模式，结合完善的个性化服务反馈和评估，形成阅读推广的个性化特点。

4. 读者群体开发度广

读者群体开发度指的是在原有群体基础上通过阅读推广对读者关系网中的成员进行阅读开发，使得读者群体不断扩大的特性。在互联网模式下，高校图书馆

通过特定的 APP 可以不断扩大读者群体，将社会读者纳入到高校图书馆服务范畴，使得阅读不再有界限，保证知识的利用率全面提升。与此同时，阅读不再受时间和空间的限制，全民阅读成为可能。

5. 提高阅读推广的服务效能

将阅读推广和"互联网＋"思维结合起来，可以最大限度地发挥互联网技术的优势，实现以更低的投入、更快的速度覆盖最大范围的群体。与"互联网＋"结合的阅读推广可以更好地掌握读者阅读需求，能够为读者提供精准的个性化服务。

（二）基于"互联网+"的高校图书馆阅读推广策略

1. 及时更新并完善高校图书馆基础设施建设

在没有互联网支撑时，图书馆需要大量的空间、人力、设备才能不断保存知识资源的完整和全面，造成大量的资源浪费，而且知识利用率不高。而在"互联网＋"平台下，移动阅读 APP 使知识的利用实现随时随地，知识的传播更快更广，给图书馆的发展带来了新的生机。所以，计算机和网络设备是图书馆新模式的基础，而且需要不断地进行设备的更新与完善，保证信息交流的快速、广泛、畅通和多元化。在这样的基础保障下，读者可以以多元化形式完成阅读需求，在移动终端实现随时随地阅读，保证个性化服务的便捷和高效。

除此之外，个性化服务中还有分享功能，可以实现阅读兴趣的分享，以移动终端为中心进行辐射式推广扩散，给阅读开发潜在读者，实现阅读的可延续化和扩大化。而且，高校图书馆一方可以设置专门人员进行专业指导与阅读评价，保证知识资源的多向、高效、便捷传递和循环利用，提高图书馆的知识传播功能。

2. 提升推送内容的质量，做好网络安全管理

高校图书馆在互联网模式下进行阅读推广时，要将知识的代表性、全面性、关联性等进行融合，分门别类进行推送。因此，推送的知识不但要精还要全，除了文字推送外，还需要配合图片、动画、视频等，使阅读带有趣味性、观赏性和文艺性。这种对内容进行精练的阅读推广，能够为广大读者带来全新的视觉体验，读者可以根据研究需要和阅读需要随时进行选择，使知识的利用更具个性化，从而有助于读者形成系统性的知识体系，促进其知识内涵的不断沉淀。

但是，互联网的弊端也不可忽视，图书馆管理员要加强网络空间的净化管理，

在推送、链接及分享中杜绝"黄、赌、毒"等社会毒瘤的侵蚀。做好网络安全管理，保障读者信息资料的安全可靠，保证高校图书馆资源的安全完整，给读者构建健康绿色安全的网络阅读环境，为图书馆互联网阅读推广的深入实施提供保障。

3. 线上、线下立体化推广

在"互联网+"的背景下，高校图书馆阅读推广可以实施立体化推广策略，实现线上、线下并举的阅读模式。线上，读者可以利用 QQ、微信或特定 APP 进入高校图书馆线上系统，根据读者个性化服务定制或等级的不断升高来获得更高更多的阅读权限，实现知识全面性和系统性的掌握。线下，读者可以根据阅读成绩参与高校图书馆举办的各种阅读活动或奖励，使得图书馆资源的开发利用向前推进。线上实现专家讲座的精华传播，线下可以为读者提供面对面的交流机会，为读者创造与名家沟通的契机，实现图书馆资源的活化与深化。

4. 及时推送，保证信息的实时性

在"互联网+"平台下，阅读推广可以为读者提供即时性、全面性和实用性的知识传送服务，从而保证读者随时随地获取相关知识的最新状态。高校图书馆还为读者推送当前社会热点问题的跟踪报道以及研究方向的在线引导与解疑，为读者节省大量的时间进行专业研究。

此外，读者还可以及时了解当前的热点问题作为休闲娱乐，使阅读既能丰富头脑，还可以休养生息。为了确保个性化服务的精准性，高校图书馆可以对读者进行分类管理，有针对性地对个体推送兴趣资源，读者不必再进行相关搜索就可以全面地进行阅读。

四、基于全媒体视域的高校图书馆阅读推广活动

（一）全媒体时代的读者诉求

1. 阅读形态的转变

在海量的网络信息中，高校图书馆的传统阅读媒介——纸质阅读正在逐步减少，而数字化平台上的数字资源阅读逐渐普及开来。在高校的任何数码终端上都可以即时地获取自己所需的信息，这导致了读者阅读形态的改变。

2. 阅读互动性增强

在全媒体时代下，阅读与科技交互、融合，在互联网技术的支撑下，读者可

以通过网络环境自主地评论和写作，并且参与读物的出版行为。可以说，读者不仅是单纯的信息接受者，同时还是信息的创作者，单一的阅读信息传播转变为双向互动式的信息传递，读者可以自主地表达观点。高校图书馆员则可以通过网络实现和读者之间的问题互动，这增强了高校图书馆的服务功能。

3.阅读内容呈现泛化趋势

传统的纸质媒介呈现出线性的阅读方式，内容需要借助纸质方式加以传播。但是在新媒体的运用之下，读者可以随意地跳跃式阅读。基于网络资源如电子报刊、电子图书和手机文学等，可以根据自己的需求进行阅读内容的个性化链接和跳转，这使高校图书馆的阅读内容呈现泛化趋势，读者可以浏览到大量的信息，并进行个性化的阅读。但同时也凸显出读者无法深入专一进行阅读的缺憾。

（二）全媒体视域下高校图书馆阅读推广路径

1.高校图书馆成立专门的阅读推广服务性组织

高校图书馆可以成立专门的阅读推广委员会，对读者有针对性地进行阅读指导和服务工作，并在专家对读者的阅读心理和阅读需求进行分析的前提下，推动阅读推广实践活动的运转。学生也可以成立阅读协会、书友会以及读书沙龙等相关组织，丰富高校图书馆的阅读文化。高校图书馆可以通过阅读疗法对读者进行阅读心理治疗，如创建图书馆阅读辅导室，配备具有高级心理咨询师资格的高级馆员，为读者推荐合适的阅读素材，进行针对性的情绪缓解和压力疏导，探索出适合其自身问题的解决路径。还可以利用电子阅览室中的心理自我测试区域，为学生提供减压的心理体验式阅读。在高校图书馆成立经典阅读推广实践组织，开展经典文献导读和中国文化导读等活动，引导大学生阅读传统经典文化，把握传统经典文化中的精髓，让经典阅读成为高校图书馆阅读体系中的重要内容。

2.创设特色的高校图书馆阅读推广场所

为满足读者对于热点图书的需求，高校图书馆可以创设新书样本阅览厅。在高校图书馆与图书供应商达成协议的条件下，全校师生可以自由阅读，满足师生对新出版图书的阅读需求。高校图书馆还可以创设学生公寓阅览室，突破图书馆实体空间限制，以学生自主管理和自主选择为原则，倡导学生在学生公寓阅览室内进行阅读。将高校图书馆的知识服务融入读者的学习和生活中，使高校图书馆成为读者"家中的书房"，较大程度地延伸和拓展了图书馆的服务范围，也推广了阅读。此外，还可以创设大学生心理成长阅览室，推荐有益于大学生心理成长的书籍，定期开办心理爱好者沙龙和心灵成长知识讲座，促进大学生的心理成长。

3.创设形式多样的阅读推广实践活动

高校图书馆可以不局限于传统的借阅服务，开展丰富多样的阅读推广实践活动，具体实现途径主要为：

（1）创新多渠道阅读推广服务

高校图书馆可以按照特定主题，针对读者群体进行阅读推广，可以创办形式多样的图书节，如世界读书日、校园读书活动等。

（2）丰富阅读推广服务内容

可以开展"读书和人生"相关主题的阅读征文活动，举办各种文化展览，邀请知名学者到学校作阅读、心理成长与经典文化等方面的知识讲座。还可以将读书节颁奖仪式和学校运动会闭幕仪式相结合，实现阅读活动与高校体育活动的完美融合，大力推广和宣扬阅读。

（3）开拓学生阅读视野，举办文化展览活动

高校可以根据学生需要举办各种文化展览活动，主要包括文学、艺术和设计等内容，如学生美术作品展、学生机电设计作品展等，增加学生的文化底蕴，激发学生的阅读热情，还可以在学习和交流中传递读者之间的喜悦。

参考文献

[1] 吴慰慈，董焱. 图书馆学概论（第二版）［M］. 北京：北京图书馆出版社，2002.

[2] 吴慰兹，张久珍. 图书馆学新探［M］. 北京：北京图书馆出版社.2007.

[3] 李伟. 高校图书馆服务的现状与展望[J]. 农业图书情报学刊，2016，28（1）：187-189

[4] 崔开源. 中国高校图书馆的现状及未来发展趋势[J]. 包头职业技术学院学报，2014，15（2）：86-88.

[5] 杨海琼. 当代高校图书馆管理现状及问题分析[J]. 科研，2015（34）：230.

[6] 雷春玉. 高校图书馆管理创新探讨[J]. 办公室业务，2017（1）：162

[7] 欧阳东华. 高校图书馆管理创新探讨[J]. 中国培训，20217，2（4）：71.

[8] 闫艳. 高校图书馆管理存在的问题及对策建议[J]. 知识经济，2017（2）：164-165

[9] 卢全妹. 高校图书馆管理现状与对策研究[J]. 办公室业务，2016（5）：181.

[10] 范红俊. 浅谈高校图书馆如何进行管理创新[J]. 商业文化，2010，06:201.

[11] 姚立新. 新形势下我国高校图书馆管理创新研究[D]. 天津：天津师范大学，2004.

[12] 林强，尚博，刘佳，等. 转型与突破：高校图书馆服务现状与发展趋势解析[J]. 山东图书馆学刊，2015（2）：40-45.

[13] 马雪梅. 高校图书馆管理与服务创新研究[J]. 内蒙古科技与经济，2010，111:154-155.

[14] 郑磊.高校图书馆管理与服务的创新 [J].内蒙古科技与经济，2010，20:133–134.

[15] 雷素芳，肖新华.科学发展观视域下的高校图书馆管理与服务创新研究 [J].吉首大学学报（社会科学版），2010，06: 157–159.

[16] 杨瑜，孙金立.论高校图书馆管理服务系统的创新与构建 [J]，中国社会医学杂志，2013，03: 160–161.

[17] 杨佩辉.浅谈高校图书馆管理与服务的创新 [J].科学咨询，2014，04:48

[18] 张红琳，叶文伟.高校图书馆管理与服务创新的实践及思考 [J].科技情报开发与经济，2014，04: 21–23.

[19] 王洪华.国外高校图书馆阅读推广活动及启示 [J].图书馆学刊，2014（8）：137–140.

[20] 于燕婕.高校图书馆开展阅读推广的意义和举措 [J].佳木斯职业学院学报，2016（11）：488.

[21] 王新才.高校图书馆阅读推广的多样化与品牌建设 [J].图书情报研究，2015（4）：3–7.

[22] 黄晓军."互联网 +"时代高校图书馆阅读推广策略探讨 [J].知识经济，2017（3）：137–138

[23] 张国栋.高校图书馆阅读推广服务创新形式 [J].现代经济信息，2015(12)：412.